Du même auteur

Romans

Le Temps en héritage, roman, 2002 Albin Michel, Editions GLF 2005 - Editions Grand livre du mois - Editions VDB 2003 -Editions poche De Borée 2011

Le Chemin de Peyreblanque, roman, 2003 Albin Michel, Edition GLF 2006 - Edition Grand livre du mois – Ed VDB 2004 - Editions Poche De Borée 2006 - Les éditions retrouvées 2017

La Vie en plus, roman, Albin Michel, 2005 -Editions Grand livre du mois - Editions Poche De Borée 2007

Le Forgeron de la liberté, roman, Albin Michel, 2006 - Edition Grand livre du mois - Editions Poche De Borée 2008

Un brin d'espérance, roman, Albin Michel, 2007 - Editions Grand livre du mois - Editions Poche De Borée 2009

Le Sentier des pastelliers, roman, Albin Michel, 2008 - Editions Grand livre du mois - Editions Poche De Borée 2010

Le Destin de Marthe Rivière, roman, Albin Michel, 2009 - Editions Grand livre du mois - Editions Poche De Borée 2011

L'Auberge des myrtilles, roman, Albin Michel, 2010 - Editions Poche De Borée 2013- Editions Grand livre du mois - Editions À vue d'œil

Rue des hortensias rouges, roman, Albin Michel, 2011 - Editions Grand livre du mois - Editions VDB 2011 - Editions Poche De Borée 2012

Une Nuit en Juin, roman, Albin Michel, 2012 - Editions Grand livre du mois - Editions VDB 2012- Editions Poche De Borée 2020

La fille de la fabrique, roman, Calmann-Lévy, 2013 - Editions Grand livre du mois - Editions Libra diffusio 2014 - Editions Poche De Borée 2021

Pas plus tard que l'aurore, roman, Calmann-Lévy, 2014 - Editions Grand livre du mois - Editions Libra diffusio 2015 - Edition poche TDO 2024

Le serment des oliviers, roman, Calmann-Lévy, 2015 - Editions Grand livre du mois - Editions Libra diffusio 2016

Le Vent de la jeunesse, roman, Calmann-Lévy, 2016 - Editions Grand livre du mois - Editions Libra diffusio 2017

Quelques pas dans la neige, roman, Calmann-Lévy, 2017- Editions Grand livre du mois - Editions libra diffusio 2018 - Editions Poche De Borée 2022

Les noisetiers du bout du monde, roman, Calmann-Lévy, 2018 - Editions Grand livre du mois - Editions Libra diffusio 2019 - Edition poche TDO 2021

Le Crépuscule des justes, roman, Calmann-Lévy, 2019 – Editions Grand livre du mois - Editions Libra diffusio 2020 - Edition poche TDO 2023

Mêmes les pierres ont une histoire, roman, Calmann-Lévy, 2020 - Editions Libra diffusio 2021

La montagne des autres, roman, Calmann-Lévy, 2021 - Editions Libra diffusio 2022

Coupe-Rase, roman, Calmann-Lévy, 2022 - Editions Libra diffusio 2023

La dernière traque, roman, Calmann-Lévy, 2023 - Editions Libra diffusio 2024- Editions club France Loisirs 2024

Comme une odeur de gentiane, roman, Calmann-Lévy, 2024

Histoire

Charles De Gaulle Soldat, CRIHP 1986

Les poilus Ariégeois dans la Grande Guerre (ouvrage collectif) AMCA 2014

Ces Ariégeois qui ont fait l'histoire, Le Papillon Rouge, 2021

Les oubliés de l'histoire en Occitanie, Le Papillon Rouge, 2024

Les oubliés de l'Histoire en Occitanie

Georges-Patrick Gleize

Les oubliés de l'Histoire en Occitanie

Le
Papillon Rouge Editeur

À Jeanne,
À Georges-Emmanuel,
Mes enfants, pour l'amour de notre pays...

Aux portes de l'oubli...

Un célèbre proverbe, dont on dit qu'il est d'origine malgache, confie que « *les morts ne sont vraiment morts que lorsque les vivants les ont oubliés* ». Par d'étranges chemins dont l'histoire – quelquefois ingrate – a le secret, certains glorieux personnages ont sombré dans les oubliettes de notre passé. L'objectif de ce livre est bien de remettre en lumière, de raviver la mémoire de ces femmes et hommes très attachants et courageux. Mais l'Occitanie est une grande région, à la longue et riche histoire, et il a fallu faire des choix forcément subjectifs, qui n'étaient pas toujours faciles, à l'image de ces deux personnages décrits ci-dessous dont il convient de dire quelques mots.

En effet, la disparition, à l'âge de 88 ans, de l'inoubliable animateur des émissions de télévision littéraire « Apostrophes » et « Bouillon de culture » Bernard Pivot, en faisant la une de l'actualité, a quelque peu occulté celle de deux occitans célèbres, décédés presque au même moment.

Sans prétendre ici dresser leur portrait à l'image des cinquante héros de cet ouvrage, ils risquent d'être bientôt, comme tous les disparus, aux portes de l'oubli des jours ordinaires.

Hommage d'abord à André Trigano, né le 13 septembre 1925 à Montreuil dans une famille juive séfarade de commerçants originaires d'Algérie, dernier d'une fratrie de six. Son père Raymond fait fortune et crée une entreprise de bâches et de toiles de tente qui se développe avec le Front Populaire et la mode du camping. La Seconde Guerre mondiale et l'Occupation les obligent à fuir en zone libre. Menacé d'arrestation, refugié à Mazères en Ariège en 1943, il plonge bientôt dans la clandestinité et participe avec ses frères à la Résistance.

À la Libération, André Trigano se lance dans les affaires et pilote l'entreprise familiale Trigano Vacances, spécialisée dans le camping, tandis que son frère, Gilbert, crée le Club Méditerranée. Passionné de voitures, André fait une brève carrière de pilote automobile jusqu'en 1955, année où il commence une très belle collection de véhicules dont de nombreuses Citroën.

Le chef d'entreprise succombe à la tentation de la politique : pendant 50 ans, il anime la vie publique de l'Ariège. Maire de Mazères puis de Pamiers, conseiller général, député de l'Ariège, président de la communauté de communes, ce grand entrepreneur insuffle à la Basse-Ariège un important dynamisme économique. Battu aux élections municipales de 2020, André Trigano vend sa prodigieuse collection de 170 voitures pour ne pas laisser un « cadeau empoisonné » à ses fils qui ne s'y intéressent pas.

Toujours dévoué au département qui l'avait accueilli pendant la guerre, commandeur de la Légion d'honneur, André Trigano meurt le 6 mai 2024, à l'âge de 98 ans, respecté de tous.

Hommage ensuite à un autre occitan qui vient de nous quitter et dont la disparition a été presque totalement éclipsée. Henri Gougaud, écrivain, poète, conteur, chanteur en français et en occitan, est né le 7 juillet 1936 à Villemoustaussou dans l'Aude. Après sa licence de lettres, il monte à Paris en 1962, chante au cabaret *La Colombe*, devient le parolier de Juliette Gréco, Jean Ferrat et Marc Ogeret.

Prix Goncourt de la Nouvelle, il entame en 1973 une carrière de conteur dans l'émission *Marche ou rêve* sur France Inter. Romancier, publié chez Albin Michel, il dirige aussi les collections *La Mémoire des sources* et *Contes des sages* aux éditions du Seuil. Prix de l'humour noir, il est l'auteur de *Bélibaste*, en 1982 et de L'*Inquisiteur* en 1984. En 2016 et 2017, Gougaud présente sur RTL, aux côtés de Jacques Pradel, l'émission *Les Aventuriers de l'inconnu* consacrée aux phénomènes surnaturels.

Occitaniste militant dans la ligne de Claude Marti, Henri Gougaud nous a quittés sans bruit le 6 mai 2024. Comme tous ceux qui figurent dans les pages suivantes de ce livre, puissions ne pas les oublier...

Marcelin Albert

La révolte d'un vigneron

Développé massivement au cours du XVIIIe siècle, le vignoble français qui bénéficie au XIXe siècle de la mise en place du chemin de fer, affronte la crise du phylloxera à partir de 1863. Partout la vigne recule, y compris dans les départements de l'Aude, du Gard, de l'Hérault et des Pyrénées-Orientales qui, à eux seuls, fournissent 45 % du vin français. Lorsque cette maladie est vaincue, par les techniques de greffe de plants américains, la surproduction de vin est forte, d'autant plus que les vignerons du Midi font face à la concurrence étrangère (Algérie, Espagne, Italie) et aux vins trafiqués. Ce sont là les causes profondes de leur révolte en 1907.

En février de cette année-là, une grève fiscale éclate à Baixas. Dans ce Midi rouge, la population ruinée ne peut plus payer l'impôt. Le 18 février 1907, Marcelin Albert prend l'initiative d'envoyer un télégramme à Georges Clemenceau, devenant ainsi la figure de

Pancarte brandie par les manifestants

proue d'une révolte qui va faire trembler le gouvernement. Mais qui est cet homme dont le nom suscite alors tant de ferveur ?

Marcelin Albert est né le 29 mars 1851, à Argeliers, dans l'Aude. Orphelin de père, il est élevé par son grand-père et sa mère et reçoit une bonne instruction à Carcassonne. À 16 ans, il part travailler dans les vignes familiales et en 1870, il s'engage chez les zouaves pour faire son service militaire. Marié en 1873, il est élu conseiller municipal d'Argeliers en 1881, bourg où il tient un café. C'est en 1900 qu'il se lance dans la lutte pour la défense du vin naturel. Si Marcelin Albert apparaît au premier plan de ce mouvement, c'est qu'aucun élu local de quelque importance n'en occupe l'avant-scè-

ne. Ainsi, ce cafetier vigneron que tout le monde nomme lo Cigal, à cause de son esprit fantasque et insouciant, se trouve propulsé à la tête d'un conflit qui enflamme rapidement tout le Midi viticole. Marcelin Albert organise une marche vers Narbonne qui se termine par un tour de ville où l'on chante pour la première fois *La vigneronne* qui devient très vite l'hymne de la « révolte des gueux ».

Les meetings s'enchaînent, rassemblant de plus en plus de monde. Le 21 avril 1907, ils sont 15 000 à se retrouver à Capestang, soutenus par la publication d'un journal local nouveau, le *Tocsin*, organe du comité d'Argeliers. Marcelin Albert est acclamé le 9 juin 1907 à Montpellier. Ce jour-là, sur la place de la Comédie, c'est une foule de près de 500 000 personnes ! Le maire de Narbonne, Ernest Ferroul, appelle à la démission de tous les élus du Languedoc-Roussillon et prône ouvertement la désobéissance civile. Bien que les manifestations se soient déroulées jusque-là dans le calme, Clemenceau juge qu'il est temps de siffler la fin de la récréation. Force doit rester à la loi et pour rétablir l'ordre, il décide d'envoyer l'armée. Le 17 juin, 22 régiments d'infanterie et 12 régiments de cavalerie occupent le Midi qui s'embrase. La gendarmerie arrête le maire de Narbonne et les principaux dirigeants du mouvement.

Mais la foule ne l'entend pas de cette oreille. La préfecture de Narbonne est prise d'assaut. Les soldats tirent. Il y a deux morts. Les viticulteurs attaquent les perceptions. À Perpignan, la préfecture est pillée et incendiée. Le préfet doit se réfugier sur le toit. L'ordre est donné à l'armée de tirer sur les manifestants. À Narbonne, la fusillade fait cinq victimes dont une jeune fille de 20 ans, Julie Bourrel, venue ce jour-là faire son marché. Le 22 juin, ils seront plus de 10 000 à assister à ses obsèques. Marcelin Albert se cache à Argeliers. Mais certains régiments comme le 17e régiment d'infanterie de ligne, composé de réservistes et de conscrits du pays, se mutinent et marchent sur Béziers. Chaleureusement accueillis par la population, ils mettent la crosse en l'air. Le Midi est en insurrection. La République tremble. Clemenceau joue son va-tout et promet aux soldats révoltés qu'ils ne seront pas punis. À la Chambre, il fait voter une loi interdisant désormais la chaptalisation.

◀ *Marcelin Albert acclamé par les manifestants*

Poursuivi par la police, Marcelin Albert est contraint pour se sauver d'aller à Paris le 22 juin. Il rencontre Clemenceau qui lui fait la promesse de réprimer les fraudes sur le vin s'il calme la révolte dans le Midi. Le président du Conseil lui signe un sauf-conduit et lui remet… 100 francs pour payer son billet de train, somme que Marcelin Albert a la naïveté d'accepter ! Clemenceau donne aux journalistes sa version de l'histoire et fait passer Marcelin Albert pour un vendu. Discrédité aux yeux de ses camarades par cette habile manœuvre, Lo Cigal manque de se faire lyncher. Le 26 juin, il va à Montpellier pour se constituer prisonnier. Libéré quelques jours plus tard, il est déclaré *persona non grata* dans l'Aude et contraint de partir s'installer en Algérie. L'honnête homme a plié devant la roublardise du politique. L'apôtre de la révolte des vignerons meurt le 21 décembre 1921, à l'âge de 70 ans. Considéré aujourd'hui comme un héros de l'Aude, un collège à Saint-Nazaire-d'Aude porte son nom ainsi que des centaines de rues et places dans le Midi.

C'est par la fourniture, dès le mois d'octobre 1914, du « pinard »

▲ *Manifestation de vignerons à Carcassonne, le 26 mai 1907* aux Poilus dans les tranchées, que s'effectue la sortie de cette crise de surproduction. Alors que l'eau était la boisson du soldat, pour donner du courage aux hommes qui vont se faire massacrer, l'intendance double les rations de vin distribuées. Georges Clemenceau pardonnera difficilement aux méridionaux. Devenu *Le Tigre* dans la Première Guerre mondiale, nombreux seront les soldats du Midi, réputés pour être des déserteurs, à être envoyés en première ligne au casse-pipe. La mutinerie du 17e RI célébrée par la chanson de Montéhus, « Salut, salut à vous, braves soldats du 17e ... », accompagne sur le chemin des oubliés de l'Histoire, Marcelin Albert, le roi des gueux qui fit trembler la République...

Arthur Batut
Le précurseur de la photo aérienne

Si vous passez par le village de Labruguière dans le Tarn, arrêtez-vous au petit musée qui rend hommage à l'œuvre d'un enfant du pays, Arthur Batut. Pour oublié qu'il soit aujourd'hui au panthéon des gloires de jadis, il demeure l'un des pionniers de la photographie aérienne dans le monde.

Arthur Batut est né le 9 février 1846, à Castres, dans une famille de la bourgeoisie locale. Son père, un commerçant aisé, a fait de brillantes études à l'école royale de Sorèze. Sa mère, Marie Barthès, est issue d'une famille protestante aisée de Mazamet. Elle lui transmet sa grande rigueur morale et une éducation de fin lettré. Arthur Batut reçoit le domaine d'En Laure en cadeau de mariage de sa grand-mère paternelle. C'est là qu'il passera la plus grande partie de sa vie. Il apportera de substantielles améliorations à cette propriété, située dans le village de Labruguière, et en fera une exploitation agricole particulièrement rentable. Esprit curieux, son goût pour la recherche l'amène bientôt à s'intéresser à l'archéologie. Nommé archiviste des antiquités de Castres et du Tarn, Arthur Batut passe des jours et des semaines à explorer la région à cheval, à pied, et devient même un précurseur du camping !

Mais, personnalité imaginative et méthodique, c'est la photographie qui va constituer son champ d'investigation et de découvertes. Il correspond avec les frères Lumière et son nom apparaît dans les journaux de l'époque. Comme l'écrira plus tard le grand photographe toulousain Jean Dieuzaide : « Au XIXe siècle, l'histoire de la photographie va passer par Labruguière ». Arthur Batut photographie les paysans, les ouvriers autour de lui. Dans son studio, sous les combles de sa maison d'En Laure, défilent les habitants du village. Par la lumière naturelle qui perce la verrière et inonde le lieu, les corps et les visages sont modelés par le génie de l'artiste. Ses recherches sur les autochromes, la stéréoscopie, précèdent la mise au point en 1881 de la photographie typologique, image synthétique d'un type humain obtenue par superposition de clichés.

Mais c'est sa seconde invention qui va lui valoir une renommée internationale. Après le premier cliché aérien, réalisé par Nadar en 1858, à 520 mètres d'altitude, à partir d'un ballon à hydrogène – méthode de photographie coûteuse et risquée – c'est Arthur Batut qui va révolutionner la discipline en 1888. Batut construit lui-même son vecteur de prise de vue. Il s'agit d'un cerf-volant qui a la forme d'un losange plat, de 2 m 50 de long sur 1 m 75 de large, constitué d'une armature de bois recouverte de papier, renforcée par de la toile résistante aux angles et munie d'une queue stabilisatrice en papier. L'aéronef ainsi bâti est équipé d'une chambre noire à focale fixe munie d'une simple lentille et consti-

Autoportrait d'Arthur Batut ▲

tuée de carton et de liège. L'automatisme est fourni par une mèche d'amadou qui, à la fin de sa combustion, libère un obturateur à guillotine. Très simple, certes, mais efficace et opérationnel !

L'appareil photo est ainsi très léger et supporte aisément d'être accroché à un cerf-volant. Cette invention marque un progrès très important en termes de coût. La photographie obtenue, au format 8 cm x 8 cm, est ainsi beaucoup moins onéreuse que celle réalisée par des aérostiers dans la nacelle d'un ballon. Elle offre aussi beaucoup plus de sécurité et devient dès lors un précieux outil. Cette technique trouve des débouchés naturels dans les relevés topographiques notamment dans les régions difficiles d'accès à l'époque où les chemins de fer constituent l'instrument de conquête des territoires vierges. Le tracé et la construction du transsibérien en sera ainsi l'un des exemples majeurs.

Arthur Batut publie en 1890 un livre de photographies aériennes prises depuis un cerf-volant chez l'éditeur Gauthier-Villars. Il continue ses recherches. « Cet aimable fantaisiste mais rigoureux dans ses recherches solitaires, a passé sa vie à se faire plaisir », note sa petite-fille. Le 1er avril 1907, ses travaux aboutissent. Il parvient à réaliser la première photographie aérienne stéréoscopique en augmentant l'altitude de ses prises de vue jusqu'à 477 mètres.

Arthur Batut fait ainsi naître un prodigieux outil d'observation et de renseignement qui, lors de la guerre de 14-18, complète le travail des aviateurs.

Cet inventeur meurt dans sa propriété de Labruguière le 19 janvier 1918, à l'âge de 72 ans. Victime d'une attaque d'apoplexie, ainsi disparaît celui qui fut un personnage caractéristique du XIXe siècle, un autodidacte, touche-à-tout de génie, esprit curieux et ouvert au progrès technique.

En juillet 1988, pour le centenaire de son invention, la ville de Labruguière a mis en place un musée créé par Serge Nègre qui met en relief le singulier travail d'Arthur Batut. Plus de 10 000 pièces sont ainsi exposées parmi lesquelles 5 000 plaques photographiques léguées par la famille à l'association d'études et de recherches archéologiques et historiques. Tombé désormais dans le domaine public, ce fonds extraordinaire, installé dans le centre culturel, se complète par une fabuleuse collection d'œuvres des grands noms de la photographie tels Jean Dieuzaide, Robert Doisneau, Willy Ronis, Marc Riboud... Aujourd'hui, cinq des photos réalisées par Arthur Batut sont exposées au *Metropolitan Museum of Art*, à New York, en reconnaissance de son travail et de son apport à l'art photographique dont il fut, à ne pas en douter, l'un des pionniers.

Photographies d'Arthur Batut pour tenter de relier les types d'une même famille ▲

René Billères
L'apôtre de l'union des gauches

Voilà bien un homme politique occitan qui a disparu de la mémoire collective... Né à Ger le 29 août 1910, un petit village des Hautes-Pyrénées de 190 habitants, rien ne prédestinait René Billères, le fils de Charles Billères, commis greffier et de Jeanne Davant, institutrice, à devenir l'un des hommes forts de la IVe République et de la première moitié de la Ve.

René Billères, orphelin de père à l'âge de 12 ans, fréquente l'école

primaire de son village puis poursuit ses études secondaires au lycée de Tarbes où il est interne. Boursier, brillant élève, il obtient en 1927, à 17 ans, le deuxième prix de version grecque au concours général. Dans la foulée de cette récompense, René Billères suit une hypokhâgne à Toulouse en 1929-1930 puis une khâgne au lycée Lakanal, à Sceaux. Ce prestigieux cursus lui ouvre les portes de l'École Normale supérieure de la rue d'Ulm à Paris. Condisciple de Georges Pompidou et de Jacques Soustelle, il est reçu à l'agrégation de lettres classiques en 1934 et l'année suivante, il entame une carrière de professeur de lycée à Mont-de-Marsan, puis à Tarbes.

Mais déjà, la politique le taquine. En 1936, le voici candidat aux élections législatives sous les couleurs du Parti Radical. La guerre, malheureusement, vient bouleverser sa vie. Mobilisé en 1939, blessé et fait prisonnier, il reste enfermé cinq ans au camp de Lübben, en Allemagne, jusqu'en avril 1945. À la Libération, il renoue avec la politique. Élu député radical socialiste de la première circonscription des Hautes-Pyrénées à la deuxième assemblée constituante, puis à l'Assemblée Nationale, il préside la commission de l'Éducation Nationale de 1948 à 1954. Il fait partie désormais des grandes figures du Parti Radical, œuvre avec succès pour l'équipe de Pierre Mendès France.

À plusieurs reprises, dans de multiples gouvernements, le voici ministre de l'Éducation Nationale, de la jeunesse et des sports. Il est à l'origine de la suppression des devoirs à la maison, de l'allongement de la scolarité obligatoire et d'une grande réforme de l'enseignement public, marquée par la revalorisation de l'enseignement technique. Sous sa houlette, les moyens de l'Éducation Nationale augmentent de 50 % en deux ans. En 1956, il porte le projet de la création d'un lycée mixte à vocation climatique qui accueille des jeunes souffrant de problèmes respiratoires à Argelès-Gazost. Sollicité par le Président Coty le 9 mai 58 pour former un gouvernement, René Billères décline l'invitation mais vote l'investiture de Charles de Gaulle, approuve la Constitution de la Ve République mais refuse de participer au premier gouvernement du Général en juin 1958.

◀ *René Billères fut ministre de l'Éducation Nationale*

Conservant son siège de député aux élections législatives de 1958 qui voient le triomphe des gaullistes, René Billères se fait l'apôtre d'une cure d'opposition pour le Parti Radical, jugeant sévèrement le gouvernement de Michel Debré. Bien qu'il fût un catholique pratiquant, sa sensibilité laïque supporte mal les orientations de la loi Debré sur l'enseignement privé et il soutient l'action du Comité national d'action laïque. Candidat malheureux en 1961 à la présidence du Parti Radical contre Maurice Faure, René Billères consacre l'essentiel de son énergie à favoriser à gauche l'union des radicaux et des socialistes. Très hostile à la réforme constitutionnelle de 1962 qui institue l'élection du Président de la République au suffrage universel, il contribue à la naissance de la Fédération des gauches démocrates et socialistes (FGDS) et plaide pour le dialogue avec le Parti Communiste.

Président du Parti Radical de 1965 à 1969, après l'échec de Gaston Deferre à la présidentielle de 1965, René Billères soutient la candidature de François Mitterrand, devenant ainsi avec Guy Mollet, l'une des grandes voix de la gauche non communiste et l'un des animateurs du débat parlementaire. Ainsi, lors de la motion de censure du 21 mai 68, il interpelle son ancien condisciple à l'ENS, Georges Pompidou, l'accusant de ne vouloir entendre « aucun conseil ». Après les évènements de mai 68, la défaite législative de la gauche qui conduit à l'éclatement de la FGDS, voit l'effondrement du projet que Billères portait de longue date dans son cœur. En septembre 1969, il abandonne la présidence du Parti Radical à Maurice Faure et se met ostensiblement en retrait de la vie politique.

Mais quand, à l'automne 1972, souffle le vent de l'union de la gauche, René Billères accepte de signer le programme commun avec les communistes et contribue largement à la fondation du mouvement des radicaux de gauche (MRG). Quelque peu déçu cependant, il ne sollicite pas le renouvellement de son mandat de député mais sa retraite politique est de courte durée. Aux élections sénatoriales de 1974, il est élu sur la liste MRG à la haute assemblée. Il y siège jusqu'en 1983 dans le groupe de la gauche démocratique. Membre de la commission des affaires culturelles, il s'y montre toutefois peu actif, n'intervenant à la tribune qu'une petite dizaine de fois. Ses interventions privilégient les besoins en investissement de son département et le budget de l'Éducation Nationale, sujet qui lui a toujours été cher. Ses votes, même s'ils soutiennent parfois certaines lois votées par des gouvernements de droite (comme la loi sur l'IVG du 14 décembre 74) font le plus souvent de lui un opposant à Valéry Giscard d'Estaing, notamment sur le projet de loi Peyrefitte sur la sécurité des personnes.

Membre du bureau du MRG, il appelle au vote dès le premier tour en faveur de François Mitterrand en 1981. La victoire de celui-ci constitue l'aboutissement du projet qui lui était cher. Le 14 mai 1983, à l'issue de quarante ans de vie militante et de plus de vingt ans de mandat parlementaire, René Billères annonce à 73 ans son retrait définitif de la vie politique et abandonne son siège de

Les dirigeants de la Fédération de la Gauche Démocrate et Socialiste : de droite à gauche : René Billères, François Mitterrand et Guy Mollet (6 mars 1967)

sénateur à François Abadie. Celui qui a échoué à prendre la mairie de Tarbes en 1959 et 1967, celui qui ne fut jamais un notable local, qui n'exerça aucun mandat de conseiller général, qui ne fut jamais battu à une élection nationale, qui resta toujours fidèle à son projet politique d'union des gauches, ne livra à la retraite que de rares témoignages sur sa longue carrière.

Chevalier de la Légion d'honneur, Croix de guerre 39-45, Commandeur des Palmes Académiques, René Billères, homme de parti qui a connu une carrière paradoxale, s'éteint le 2 octobre 2004, à Lourdes, dans les Hautes-Pyrénées. Et si aujourd'hui le lycée climatique d'Argelès-Gazost porte son nom, c'est un hommage minimal à celui qui œuvra toujours beaucoup pour l'Éducation Nationale.

Charles Bourseul
Le père de la téléphonie

À Saint-Céré, dans le Lot, sur la place de l'Arvol, une statue, œuvre du sculpteur Cipriani, interpelle le touriste. On y voit un homme, debout sur une colonne, qui tient à la main un récepteur téléphonique. Quand le regard se penche sur le socle, on peut y lire l'inscription suivante : « À Charles Bourseul, inventeur français du téléphone, dont l'œuvre appartient au monde et le souvenir à Saint-Céré ». Cette statue, inaugurée le 12 octobre 1924, rend hommage à un génie méconnu qui, comme beaucoup de personnages de son espèce, sont morts pauvres et ignorés. Qui était ce Charles Bourseul dont les Lotois s'enorgueillissent aujourd'hui ?

Il voit le jour à Bruxelles le 28 avril 1829, une naissance liée à son père alors capitaine d'État-major et adjoint à l'attaché militaire auprès de l'Ambassade de France, à Bruxelles. Élève d'abord dans une école privée, Charles entre au lycée de la ville de Douai où son père vient d'être muté. Très jeune, Bourseul est attiré par les cours de mathématiques. Il y fait là d'excellentes études

Charles Bourseul à l'âge de 50 ans

et en ressort bachelier es sciences. Sa famille quitte alors le Nord en 1847 et Charles part faire son service militaire à Alger. Le jeune homme est brillant mais de santé fragile. Il ne peut satisfaire aux épreuves physiques de l'École Polytechnique. Il opte alors pour l'administration des télégraphes. Animé par une soif de recherche, il publie en 1853, à Metz, un mémoire sur la puissance de la chaleur et l'année suivante, il en rédige un autre sur une invention de son cru : le téléphone.

« *Quoiqu'il arrive,* écrit-il, *il est certain que dans un avenir plus ou moins éloigné, la parole sera transmise à distance par l'électricité. J'ai commencé mes expériences et les approximations obtenues font entrevoir un résultat favorable* ». Charles Bourseul en énonce clairement le principe. Ce n'est pas chez lui une idée confuse, une lubie loufoque mais l'idée que comme pour les signaux de morse, le courant électrique associé à une plaque vibrant permet la transmission de la parole. La merveilleuse découverte de la transmission électrique de la parole, une invention qui s'appuie sur les relations entre le son et l'électromagnétisme découvert par Charles Page en 1837. Mais son rapport n'est guère considéré. Son travail est accueilli avec une

▲ *Un central téléphonique à Paris, en avril 1904*

froideur bienveillante. On sourit de lui comme des divagations de Jules Verne.

Pourtant, Charles Bourseul, homme modeste mais instruit, philosophe de la vie, nourri des œuvres de Virgile et de La Fontaine, ne tombe pas dans le délire de la persécution où s'engloutissent de nombreux génies méconnus. On lui renvoie son rapport et son chef hiérarchique lui conseille désormais de s'intéresser plutôt entièrement à son emploi de télégraphiste ! De plus, Charles Bourseul n'a pas les moyens matériels de réaliser son invention. Toutefois, il publie une communication dans la revue *L'illustration* et envoie son mémoire à l'Académie des sciences qui l'ignore totalement, privant la France d'une gloire mondiale. L'invention de Bourseul, qui utilise les propriétés du courant électrique et de l'électro-aimant, n'est pas prise au sérieux. Charles Bourseul continue sa carrière d'honnête et de laborieux fonctionnaire. Il ne s'indigne de rien et ne réclame rien.

Cependant, l'idée est dans l'air et quelques années plus tard, en 1876, l'Italien Antonio Meucci réalise une ébauche de poste téléphonique qui utilise exactement les principes de Charles Bourseul. L'identité exacte de l'inventeur fait l'objet d'une dispute. Elisha Gray et l'Allemand Philip Rais déposent aussi leur brevet. Meucci dépose de son côté un avis d'intention pour un brevet mais l'Américain Graham Bell, quelques jours plus tard, le 6 mars 1876, lui coupe l'herbe sous le pied en déposant le brevet numéro 174465. La bataille fait rage. Il s'ensuit une contestation vite éteinte par le décès de l'inventeur italien, épisode juridique qui se conclue par une appropriation des brevets par Graham Bell.

De son côté, Charles Bourseul prend sa retraite en 1886 dans l'anonymat. S'il n'a pas été victime d'injustice, l'argent qu'aurait pu lui rapporter sa géniale invention est cependant allé à d'autres. Mais il conserve ainsi une gloire intacte qui lui vaut l'hommage officiel de Graham Bell lui-même en 1882.

Déjà, le premier réseau téléphonique se met en place aux États-Unis avec l'aide des banquiers. Pendant près d'un demi-siècle, le téléphone est réservé aux professionnels. Cette invention qui relie les hommes favorise une urbanisation et le développement des banlieues. Il participe à la modernité du temps. Quant à Charles Bourseul, ce n'est qu'en 1889 que la France le reconnaît enfin comme le véritable inventeur du téléphone. Le voici élevé au grade de Chevalier de la Légion d'honneur et doté d'une pension annuelle de 1 200 francs. Tardive reconnaissance de paternité pour celui qui termine sa carrière comme directeur des Postes dans le département du Lot. C'est d'ailleurs à Saint-Céré que meurt le 23 novembre 1912 le génial inventeur.

En 1914, Douai, se rappelant qu'il a été un enfant du pays, décide de donner son nom à une rue de la cité. Quelques années plus tard, d'autres villes de France feront de même, comme Conflent-Saint-Honorine, La Roche-sur-Yon, Pau, Limoges, Carpentras, et même Paris, dans le 15e arrondissement. Et plus récemment, le groupe SFR a donné son nom à son campus de télécommunications.

François Bravay
« Le nabab » oublié d'Alphonse Daudet

Extraordinaire destin que celui de ce François Bravay, fils d'un marchand de casseroles et d'outils agricoles de Pont-Saint-Esprit dans le Gard, né deux ans après la chute du Premier Empire... Peu doué pour faire fructifier le commerce de son père, mais doté d'un tempérament plutôt aventurier, il fit fortune en Égypte. Il revint richissime en France pour y mener une vie de nabab en dépensant sans compter, ce qui inspira un roman savoureux au romancier Alphonse Daudet publié en 1877.

Nabab, un mot d'origine indienne qui désigne un haut responsable rentrant des colonies en métropole fortune faite, menant grand train de vie. Voilà une appellation qui s'applique parfaitement au personnage haut en couleur de François Bravay, qui fut par ailleurs député du Gard au milieu du XIXe siècle. Dans le roman, Alphonse Daudet raconte l'histoire d'un certain Bernard Jansoulet, un aventurier revenu de Tunisie et qui tente de s'intégrer à la haute bourgeoisie du Second Empire. Grâce à son argent, qui lui vaut de nombreuses sollicitations intéressées, le voici devenu député de Corse mais hélas, sa chute sera plus rapide que son ascension. Dans ce roman moralisateur, caricature aigre-douce de la France bourgeoise du Second Empire, Daudet, qui a bien connu François Bravay, étant originaire du même département, critique implicitement les mœurs du monde des affaires et de la politique.

François Bravay n'était déjà plus de ce monde depuis trois ans quand Alphonse Daudet le ressuscita dans son roman. Alimenté par

les confessions de son frère Ernest, par les confidences de ses amis et de ses ennemis, enrichi par un voyage dans le Gard, l'auteur des *Lettres de mon moulin* renoua facilement avec la légende et la réalité d'un personnage dont il connaissait déjà les grandes lignes pour l'avoir côtoyé.

François Bravay, l'inspirateur du « Nabab », est né en 1817, à Pont-Saint-Esprit. La quincaillerie familiale ne l'inspire guère et le jeune homme part à Paris en 1842, où il est employé dans le commerce des vins, mais le goût de l'aventure lui fait prendre le chemin de l'Égypte. Il se fixe à Alexandrie, fonde une maison de commerce bientôt prospère. En 1848, il défend le Consulat de France contre une émeute et devient le confident, le grand ami de Saïd Pacha, le vice-roi d'Égypte. Grâce à sa protection, François Bravay se lance dans ce que l'on appellerait aujourd'hui l'import-export. La construction du canal de Suez est en effet en plein développement et il faut acheminer quantité de machines, d'outils, de petit matériel, de vivres pour les milliers de Français venus travailler sur place. Il accumule une fortune de plusieurs millions de francs qui lui permet de revenir en France la tête haute.

Il se fait alors nommer en 1862 conseiller général pour le canton de Pont-Saint-Esprit et, éblouissant par son argent la bourgeoisie locale, il séduit ses électeurs en se faisant élire député au corps législatif dans la troisième circonscription du Gard, le 4 juin 1863, distançant son adversaire, monsieur Chabanon, député sortant, de près de 5 000 voix. Bravay, qui s'était présenté comme candidat indépendant, voit cependant son élection annulée car entachée de

▲ *Le financier François Bravay (photographié par Nadar)*

faits de corruption (il est accusé de faire le tour de tous les cafés de la circonscription et de payer des tournées générales à n'en plus s'en relever !). Ces soupçons ne l'empêchent pas de se représenter au scrutin du 17 janvier 1864, d'être réélu mais aussitôt contesté par ceux qu'il dénommait les envieux de sa fortune. Le troisième tour est le bon. Bravay est définitivement admis contre Chabanon en 1865 par plus de 14 000 voix contre 6 570 pour son adversaire.

À Pont-Saint-Esprit, François Bravay mène une vie de nabab, dépensant sans compter. Pour consolider sa position sociale de riche parmi les riches, il fait construire le château du Colombier, dans sa ville natale, achète celui de Belle-Eau à Malataverne, dans la Drôme. Là, il reçoit Saïd Pacha, vassal des sultans ottomans. Bientôt le voici propriétaire d'un hôtel particulier à Paris où il établit sa résidence principale. Mais un tel train de vie se révèle dispendieux. Sa fortune amassée, si rondelette soit-elle, n'y suffit pas. Dans le courant de l'année 1869, ses intérêts le rappellent en Égypte et il donne alors sa démission de député. Aussi fulgurante que fut l'ascension, rapide sera sa chute. Bientôt ruiné, sans ressources, François Bravay meurt aveugle, à Paris, en 1874.

Qui se serait souvenu de lui ? Si sa ville natale conserve aujourd'hui au cimetière un remarquable mausolée dans lequel il repose, François Bravay, aventurier comme le XIXe siècle en a connu, serait resté un glorieux inconnu sans le roman d'Alphonse Daudet. L'écrivain fait d'abord paraître son livre en feuilleton dans *Le Temps*, et suscite le scandale des chroniqueurs quand il paraît sur les presses de

Le livre d'Alphonse Daudet inspiré de la vie de François Bravay

l'éditeur Charpentier. En effet, nombreux sont les critiques qui reconnaissent sous un nom d'emprunt des personnages célèbres du tout-Paris comme le Duc de Morny, Sarah Bernhardt...

La publication de ce récit provoque aussi des protestations cocasses. Ainsi celles du bey de Tunis qui furent transmises à Paris par la voie diplomatique, tout comme celles des Corses qui s'estimèrent diffamés par la transposition à laquelle Alphonse Daudet s'était livré de leur patrie !

Le château de François Bravay à Pont-Saint-Esprit

Madeleine Brès

La première femme médecin

En 2024, à l'occasion de la journée mondiale des violences faites aux femmes, Google mit Madeleine Brès à l'honneur par un doodle qui la représentait avec un grand tablier blanc et un stéthoscope autour du cou. Ce clin d'œil témoigne de l'extraordinaire course d'obstacles auxquels dut se livrer cette jeune femme combative – largement oubliée aujourd'hui – pour réaliser son rêve : être médecin au XIXe siècle.

Du courage et de la volonté, il lui en a fallu ! Madeleine Brès est née Gebelin, le 25 novembre 1842, dans le village de Bouillargues, dans le Gard, près de Nîmes. Elle est issue d'une famille modeste. Son père est charron et sa mère femme au foyer. Parfois, son père l'amène avec lui, là où le métier l'appelle, notamment à l'hôpital de Nîmes. Elle découvre le monde hospitalier sous l'égide d'une infirmière religieuse qui la prend sous son aile. Là, naît sa vocation : elle sera médecin ! Mais du rêve à sa concrétisation, le chemin est bien long et les embûches nombreuses. Scolarisée jusqu'à l'âge de 10 ans comme beaucoup de filles de son âge, elle est très loin d'avoir l'instruction nécessaire pour prétendre à ce métier.

À 15 ans, elle rencontre un employé des chemins de fer, Adrien Brès, de onze ans son aîné. Bientôt, Madeleine est enceinte. Les deux jeunes gens sont rapidement mariés le 12 avril 1858 et au mois d'octobre naît leur première enfant, une fille prénommée Alexandrine. Mais Madeleine n'a pas abandonné son rêve. Pourtant, que de difficultés l'attendent. Son mari multiplie les aventures. Au bout de deux ans de mariage, il écope d'une peine de prison pour abus de confiance. En mars 1866, à l'âge de 24 ans, alors que son troisième enfant n'a que quelques mois, elle frappe à la porte de la Faculté de médecine de Paris et demande à être inscrite comme étudiante.

Le doyen, Charles-Adolphe Wurtz, pensant l'éconduire, lui adjoint de passer d'abord ses baccalauréats. Première grande difficulté à l'époque où les lycées de jeunes filles n'existent pas et où l'instruction consiste, pour les demoiselles, à être expertes en mondanités. Madeleine obtient les autorisations de son mari pour s'inscrire aux examens, et travaille d'arrache-pied. Un premier échec en 1867 ne la décourage pas.

Grâce au soutien financier de la baronne James de Rothschild, elle réitère et devient bachelière es lettres en 1868, puis en 1869, es sciences. Elle postule à nouveau pour s'inscrire à la faculté de médecine et le doyen Wurtz, étonné de sa ténacité, en réfère à son ministre, Victor Duruy. Lui-même prend conseil auprès de l'Impératrice Eugénie. Féministe avant l'heure, Eugénie appuie la demande en formulant le vœu que d'autres femmes suivent son exemple.

Madeleine Brès devient ainsi stagiaire dans le service du Professeur Broca, à l'hôpital de la Pitié. Elle a 26 ans, et une forte motivation pour soigner les malades. Il n'y a que deux ans qu'elle étudie la médecine lorsque la guerre de 1870 éclate. Son engagement et son dévouement sont remarqués. Le Professeur Broca ne tarit pas d'éloges mais ce n'est pas pour autant qu'on l'autorise à se présenter à l'externat. Le directeur de l'administration de l'assistance publique

▲ *Madeleine Brès pendant sa soutenance de thèse, en 1875*

justifie son refus par le fait que l'acceptation de sa candidature créerait un précédent fâcheux. Madeleine travaille dans le laboratoire de Wurtz sur la composition chimique du lait maternel. C'est là qu'elle fait la connaissance d'un autre étudiant, Louis Magnier de la Source, avec lequel elle vit librement et dont elle aura un quatrième enfant en 1880.

En 1875, elle présente sa thèse intitulée *De la mamelle et de l'allaitement*, une publication remarquée dans laquelle elle encourage l'allaitement naturel en prouvant que la composition du lait maternel qui se modifie avec le temps correspond aux besoins de développement du bébé. Sa thèse obtient la mention *Extrêmement bien*.

À 33 ans, elle devient ainsi, malgré les réticences d'un milieu professionnel misogyne, la première femme française Docteur en médecine. Toutefois, le jury, s'il loue sa thèse, ne lui décerne son diplôme que dans la mesure où elle limite son champ d'investigations à la consultation des femmes et des enfants ! En récompense de ses mérites, elle est nommée Officier de l'Académie en 1875. Désormais, pour les femmes, une brèche est toutefois ouverte pour entreprendre des études de médecine.

Dans la foulée, Madeleine, devenue entretemps veuve, qui donne des conférences, ouvre un cabinet à Paris pour exercer. Elle se spécialise dans l'étude des relations mère-bébé et dans l'hygiène des enfants. Pendant quarante ans, son cabinet accueillera des jeunes mère ouvrières, auxquelles il faut apprendre les soins à donner pour les nourrissons. En 1885, elle crée la première crèche française dans le quartier de Batignolles où les enfants sont gardés et soignés gratuitement

jusqu'à l'âge de 3 ans. Cette institution, qu'elle finance par ses propres deniers, est visitée par l'épouse du Président de la République. Menant sa vie comme elle l'entend, affirmant sa liberté tant sur le plan privé que professionnel, Madeleine devient un modèle pour les féministes. Bien qu'elle refuse ce qualificatif pour se décrire, elle prend régulièrement la parole dans les réunions de suffragettes. Elle dirige aussi un journal, *Hygiène de la femme et de l'enfant*.

Installée rue Boissy-d'Anglas, bénéficiant d'une riche clientèle bourgeoise, sa renommée est telle que le Préfet de la Seine lui confie une mission d'enseignement pour les directeurs d'écoles et de garderies des vingt arrondissements de Paris. En 1891, elle part en Suisse pour étudier le fonctionnement du système des crèches. Récompensée pour son œuvre dans le domaine de la puériculture, Madeleine s'épuise néanmoins à sa cause tant physiquement que sur le plan financier. Malgré la reconnaissance officielle de son œuvre, devenue presque aveugle, elle vit dans une misère profonde et doit solliciter un hébergement auprès de l'Assistance publique ! Mais l'Institution est peu reconnaissante. Elle ne lui propose qu'un lit dans un dortoir commun. Finalement, c'est une association caritative qui lui versera une petite rente jusqu'à sa mort, à Montrouge, le 30 novembre 1921, à l'âge de 79 ans.

▲ *Madeleine Brès*

Pierre Brioude
Le rebouteux des montagnes

En ce début du XXe siècle, qu'il pleuve, qu'il vente ou qu'il neige, tous les jours que le Bon Dieu fait, au village de Nasbinals, en Aubrac, c'est une cohorte ininterrompue d'estropiés qui, soutenus par des béquilles de fortune, claudiquent comme ils peuvent en direction de la maison de Pierrounet, un homme dont la renommée de rebouteux a dépassé les frontières du département et même de la France. Mais qui est donc ce rhabilleur que tous viennent voir pour une entorse, une fracture, un mauvais coup ? Faut-il qu'il ait du talent pour qu'on vienne le consulter de Rodez, de Béziers, de Toulouse et même de Paris !

Celui que l'on nomme affectueusement Pierrounet, et qui fut l'un des plus célèbres guérisseurs de tous les temps, s'appelle pour l'état civil Pierre Brioude. Il est né à Nasbinals, en Lozère, dans un modeste foyer, le 6 décembre 1832, dans une famille d'agriculteurs comme le pays en compte alors une majorité. Pierrounet n'a pas de souci à se faire, son destin est tracé, il sera paysan comme ses parents et presque tous les gens de son village. Il a 10 ans quand, l'été, il participe pour la première fois à la vie des burons, ces bâtisses de granit recouvertes de lauzes, perdues dans les immensités de l'Aubrac, où l'on fabrique le fromage avec le lait produit dans les pâturages d'estives. Pierrounet grimpe peu à peu les échelons en passant de l'état de *roul*, le gaffet chargé des tâches subalternes, à celui de *bédelier*, berger des veaux, puis de *pastre*, gardien du troupeau de vaches, à celui de *cantalès*, maître fromager de buron en 1849, responsable de

l'élaboration de la tomme. Il est déjà un homme mûr, bien charpenté. Les yeux bleus, la barbe noire portée en collier, son visage est doux et il arbore d'ordinaire un pantalon sombre, un gilet noir à manches, dans la couleur de l'air du temps.

C'est au cours de ses années de jeunesse et dans la pratique des rudes tâches de buronier que Pierrounet découvre qu'il a un don, celui de guérir les bêtes – agneaux, vaches, chevaux... – victimes de fractures ou de luxations, les faisant échapper, pour le plus grand bonheur de leur propriétaire, à l'abattage. Pourtant, Pierre Brioude n'a aucune connaissance scientifique particulière. Mais intuitivement, il visualise l'anatomie des bêtes et comprend quels gestes il faut faire pour remettre en place les membres démis. Ses manipulations font merveille et sa réputation grandit. Des bêtes aux hommes, il n'y a qu'un pas surtout en ces temps où, sur l'Aubrac, les médecins sont rares et chers. Le jeune paysan qui n'a jamais étudié l'anatomie est très sollicité.

Il n'exige rien en échange de ses services, mais pour le remercier, le paysan guéri lui fait un don. L'argent afflue sans que Pierrounet ne demande rien, un argent dont il va bientôt trouver l'usage. En 1852, sur le point d'être convoqué pour faire son service militaire, Pierre Brioude a la malchance de tirer un mauvais numéro qui le contraint à partir pour sept ans à l'armée sauf, bien sûr, s'il se trouve un remplaçant qui accepte contre des espèces sonnantes et trébuchantes de prendre sa place. Son frère, moyennant une confortable indemnité, le remplace. En 1858, Pierrounet qui a 26 ans, abandonne son métier de paysan et prend un emploi de cantonnier pour 60 francs par mois sur la commune du Buisson, à six kilomètres de chez lui, activité qui lui laisse plus de temps pour s'occuper des patients toujours plus nombreux. C'est là, parmi les habitants de la commune, qu'il rencontre Marie-Rose Meissonnier et l'épouse le 21 mai 1863. Ils s'installent bientôt à Nasbinals et de cette union naîtront sept enfants, cinq filles et deux garçons.

C'est dans la modeste maison qu'ils ont achetée avec leurs économies que Pierre Brioude reçoit ses patients, tôt le matin ou tard le soir, après son travail de cantonnier. Parfois, si les circonstances l'exigent, il se déplace aussi, officie dans la salle du café et même en plein champ ! Pierrounet met en confiance par des mots aimables et une grande compassion. Toujours d'humeur égale, toujours prêt à rendre service, il fait preuve d'un dévouement sans limites qui lui vaut les commentaires élogieux de ses malades guéris. On vient le voir de plus de cent kilomètres à la ronde, en diligence ou en charrette, il est même des personnes venues du Canada et des États-Unis ! Les années passent et la réputation de Pierrounet ne se dément pas. Tous ces gens ont besoin de manger, de se loger, et grâce à lui, trois hôtels sont construits à Nasbinals, tandis qu'un service de voiture à cheval est mis en place pour relier le village à la gare d'Aumont ! Tous les

Rare cliché de Pierrounet ▲

jours, c'est un défilé de vingt-cinq, trente, quarante patients. Dans toute la contrée, Pierre Brioude est celui qui vous guérit, l'homme qu'on va voir en dernier recours.

Pierrounet officie selon la technique extension/contre extension qui nécessite force, précision et un doigté dont il ne manque pas. Mesurant 1 m 63, Brioude est un robuste montagnard, offrant une belle carrure et une force exceptionnelle. Ses deux pouces sont phénoménaux et il s'en sert remarquablement. Pour réduire certaines fractures, il fait appel à des assistants, notamment sa fille. C'est un travail harassant pour un homme qui a déjà une famille nombreuse. Une telle réputation suscite bien sûr la réaction du corps médical. À plusieurs reprises, Brioude a ainsi maille à partir avec la justice, accusé d'exercice illégal de la médecine, plaintes, qui le font ainsi comparaître en 1904-1905 devant le tribunal de Marvejols. Son procès est à replacer dans les débats qui agitent l'époque entre pratiques traditionnelles parfois proches de la sorcellerie et émergence d'une médecine moderne scientifique. Pierre Brioude a 73 ans et pour aller au tribunal, il prend place dans la voiture du maire qui l'accompagne avec toutes les notabilités locales. Dans la salle d'audience, le réquisitoire est sévère. Condamné à 100 francs d'amende mais soutenu par les Lozériens, le rebouteux n'en continue pas moins à soigner. Brioude n'a pas fait le serment d'Hippocrate, mais qu'importe, il guérit ! Sa renommée le suivra jusqu'à sa mort, le 8 mars 1907, à l'âge de 75 ans, d'une crise d'hypertension.

Le buste de Pierrounet à Nasbinals

« Que va faire le monde maintenant que Pierrounet est mort ? », se lamente la foule désemparée, assistant à ses funérailles. Avec l'appui de la municipalité, il est décidé de lui élever un monument. L'œuvre dont la réalisation a été confiée au sculpteur Joseph Malet, est financée par les Auvergnats de Paris, et inaugurée le 26 septembre 1909 sur le foirail de Nasbinals. Le buste du rebouteux s'appuie sur des béquilles sculptées sur le socle qui porte l'inscription : « Hommage à Pierrounet ».

Clément Cabanettes
L'Aveyronnais de la pampa

Il est des hommes qui regardent toujours plus loin que l'horizon. Clément Cabanettes, né le 14 août 1851 à Ambec, une ferme isolée de la commune de Lassouts appartenant à la paroisse de Saint-Côme d'Olt, dans le nord de l'Aveyron, est de ceux-là. Ce fils de paysans est le troisième enfant d'une fratrie de onze ; un garçon curieux de tout ce qui l'entoure... Avec deux de ses frères, il fréquente, gamin, l'école des frères marianistes et n'hésite pas à parcourir à travers les châtaigneraies par tous les temps, matin et soir, les quatre kilomètres qui la séparent de la ferme familiale de Saint-Côme.

Clément Cabanettes

L'écolier révèle une vive intelligence et une grande application au travail.

Il n'est pas étonnant que ses qualités scolaires et intellectuelles soient remarquées. Elles lui valent, à l'âge de 14 ans, d'entrer au collège d'Espalion, pour poursuivre ses études dont les frais d'internat sont pris en charge par l'Institution. Dans ce département fortement catholique, un tel chemin le conduit naturellement à entrer en 1871 au grand séminaire de Rodez. Mais il se rend compte bien vite qu'il n'est pas fait pour le sacerdoce. Il rêve d'aventures et d'horizons lointains. En 1872, il décide de s'engager dans l'armée, au 46e régiment d'infanterie de ligne, stationné à Rodez. Il quitte cette institution en 1877 avec le grade de sous-lieutenant. Clément Cabanettes se cherche : il exerce un temps comme clerc chez un avoué d'Espalion puis monte à Paris et travaille dans une banque.

C'est là, à l'occasion d'une période d'instruction militaire, effectuée comme officier de réserve, qu'il apprend que la République d'Argentine cherche des instructeurs pour organiser son armée. Clément Cabanettes n'hésite pas. Aventurier dans l'âme, il fait ses adieux à sa famille et s'embarque pour Buenos Aires. La capitale est alors en proie à des tensions entre les citadins et les provinciaux. Cabanettes prend part à quelques affrontements mais il renonce vite à devenir instructeur militaire. En 1881, il crée la première compagnie de téléphone du pays et son entreprise sera à l'origine de la première communication téléphonique ! Mais l'arrivée d'une autre firme sur ce marché prometteur le pousse à

L'Argentine, un grenier à blé pour Clément Cabanettes

aller chercher fortune ailleurs.

Délaissant la technologie, le paysan aveyronnais qu'il est s'intéresse alors à la terre. L'Argentine, pays jeune et neuf, véritable grenier à blé, est à la conquête de son espace. Dans la pampa, on chasse les indiens peu à peu. Clément Cabanettes parcourt les vastes plaines sauvages. Il découvre un territoire qui n'est pas sans lui rappeler comme il dit « l'Aubrac au mois de juillet ». Ici, tout est possible. Il réussit à acheter pour une bouchée de pain 300 hectares de terre. Il ne reste plus qu'à les peupler. Le hasard lui fait rencontrer un compatriote, François Issaly, qu'il persuade de revenir en France pour recruter des familles. Cabanettes imagine alors le projet qui lui tourne dans la tête depuis son arrivée en Argentine. Et s'il créait une colonie aveyronnaise dans ce pays où il faut tout construire ? À l'inverse de l'Argentine, l'Aveyron de l'époque est en effet surpeuplé. Avec 400 000 habitants, il y a beaucoup de familles nombreuses qui vivent pauvrement sur des exploitations agricoles trop exiguës.

En 1884, Clément Cabanettes achète 27 000 hectares dans la région du ruisseau de Pi-hué au prix de 40 pesos l'hectare. Bien vu des autorités gouvernementales, il obtient l'extension du réseau ferroviaire jusqu'à Pigüé. Puis il retourne en France. Là, avec l'aide de François Issaly, son compatriote, il rassemble une quarantaine de familles rouergates de la vallée de l'Olt qu'il parvient à convaincre de s'exiler vers l'Argentine où la fortune et la terre les attendent. Ce ne sont pas des émigrants sans le sou. Tous disposent d'un capital égal au moins à 3 000 francs. Pour le réunir, il a fallu faire des arrangements de famille. Le 23 octobre 1884, ce sont 164 personnes qui quittent Rodez par le train, en wagon de 3e classe, pour embarquer le lendemain sur le Belgrano, un vapeur tout neuf de la compagnie des chargeurs réunis, long de 107 mètres, affrété par l'ambassade d'Argentine, qui part vers l'Amérique du Sud. Les chaudières donnent toute leur puissance. Sur le pont, les voyageurs écrasent quelques larmes tandis que le bateau quitte Bordeaux.

Le 30 novembre, les voici à Buenos Aires. Ils constituent une véritable société : curé, instituteur, charron, forgeron, commerçants, domestiques, artisans des principaux corps de métiers. Toutes les compétences nécessaires sont représentées. Pour eux, même s'il s'agit d'une opportunité formidable, le choix de partir est difficile. Beaucoup ont peur. D'effrayantes rumeurs circulent. Ne dit-on pas que la pampa est peuplée de bêtes sauvages ? C'est acculés par la misère que la crise du phylloxéra a aggravée que ces paysans ont accepté de quitter leur Aveyron natal. Il a fallu pour cela toute l'influence du charismatique François Issaly pour les décider. Maintenant, au bout de 35 jours de mer, ils sont à pied d'œuvre. De Buenos Aires, ils gagnent par chemin de fer la gare de Pigüé, seul bâtiment en planches de la ville à construire où ils arrivent le 4 décembre 1884.

La statue de Clément Cabanettes, à Pigüé

C'est ainsi qu'est fondée la ville de Pigüé dont le nom en langue autochtone signifie lieu de rencontre.

Malgré les difficultés d'adaptation et de mauvaises récoltes en 1885, 1886 et 1887, la colonie des Aveyronnais prospère. Elle se transforme en une véritable petite cité et les lettres que les pionniers de la première vague adressent au pays, dressant un tableau parfois idyllique, poussent d'autres volontaires à venir grossir leurs rangs dès 1888. Mais Clément Cabanettes, incapable de faire face aux exigences des contrats de vente, couvert de dettes, perd sa propriété de Pigüé en 1889. Il s'installe alors à Buenos Aires où il crée un établissement de bains, entreprise qui ne marche guère. À plusieurs reprises, il tente à nouveau de créer des colonies agricoles mais échoue chaque fois. Il meurt le 14 juillet 1910, victime d'un cancer à la gorge, dans un modeste appartement de Buenos Aires, ruiné et dans la misère.

Aujourd'hui, si une statue a été érigée à sa mémoire à Pigüé, la colonie aveyronnaise de la pampa constitue un véritable petit coin de France en Argentine que peu de gens connaissent. Depuis 1914, on y a oublié le patois rouergat, mais on continue néanmoins d'y enseigner le français, langue obligatoire à l'école, d'y promouvoir la culture française par de nombreuses manifestations autant artistiques que gastronomiques, telle fin octobre, la fête de l'aligot. Des actions de partenariat unissent toujours la cité à la terre mère et dans cette ville de 17 000 habitants, l'empreinte aveyronnaise perdure à travers les nombreux noms de rues et les échanges entre les cousins des deux bouts du monde. Clément Cabanettes, l'Aveyronnais de la pampa, peut être fier de la ville qu'il a contribué à fonder.

Charles Camproux
L'historien de la culture occitane

C'est aux portes de l'été, le 30 juin 1908, dans le quartier très populaire la Belle de Mai, que celui qui deviendra l'étendard de la culture occitane, Charles Camproux, voit le jour au sein d'une famille ouvrière, pauvre, comme la France de cette époque en compte des millions. Par comble de malchance, la Grande Guerre qui éclate alors qu'il n'a que six ans, le prive de son père, tué au combat en 1917. Cette enfance difficile le conduit tout droit vers les chemins de la petite délinquance quand les Salésiens de Dom Bosco acceptent de l'accueillir et de l'éduquer dans leur orphelinat. À défaut d'en façonner un prêtre, ils en font un bon élève et un bon chrétien qui toute sa vie gardera la foi catholique chevillée au corps.

Grâce à eux, Charles Camproux peut faire des études de lettres à la faculté de Montpellier et réussir à devenir professeur. Époux d'Yvonne, une Provençale originaire de Gaujac dans le Gard, dont il aura trois filles, il est nommé pour son premier poste à Saint-Chély-d'Apcher, dans l'Aubrac, puis à Mende, en Lozère. C'est à ce moment-là qu'il s'engage résolument dans un occitanisme politique,

Charles Camproux ▲

très critique au regard du Félibrige, faisant paraître une série d'articles qui va alimenter les combats de toute une génération. Dans le contexte de la montée des périls de l'entre-deux guerres, ce chrétien social est farouchement antifasciste, a des inspirations proudhoniennes, spiritualistes et humanistes. Dans ces années 20-30, il rencontre les figures majeures de la nouvelle jeunesse occitane parmi lesquelles Paul Ricard et Jordi Reboul. L'occitan devient le sujet de la thèse qu'il soutient en Sorbonne. Nommé au lycée Henri IV de Béziers, où il se lie d'amitié avec Marcel Barral, un agrégé de grammaire, avec qui il écrit les *contes et légendes du Languedoc*, Camproux crée en 1934 avec Léon Cortes et Roger Barthes la revue *Occitania*, fer de lance du parti occitaniste. Participant à la Société d'études occitanes, où il œuvre activement sur les questions philologiques, Charles Camproux est reçu à l'agrégation de grammaire en 1937.

Mais bientôt, le jeune homme est rattrapé par l'actualité. Enrôlé en 39 dans les chasseurs alpins, il est fait prisonnier par les Allemands à Époye. Il tente de s'évader, atterrit dans un stalag où il passe quinze mois. Il profite de ce séjour forcé chez l'ennemi pour apprendre rapidement l'allemand. Derrière les barbelés, il anime une université qui donne des conférences sur Frédéric Mistral et les troubadours. Grâce à la complicité d'un fonctionnaire allemand, un lecteur d'*Occitania*, il parvient à s'évader, traverse la

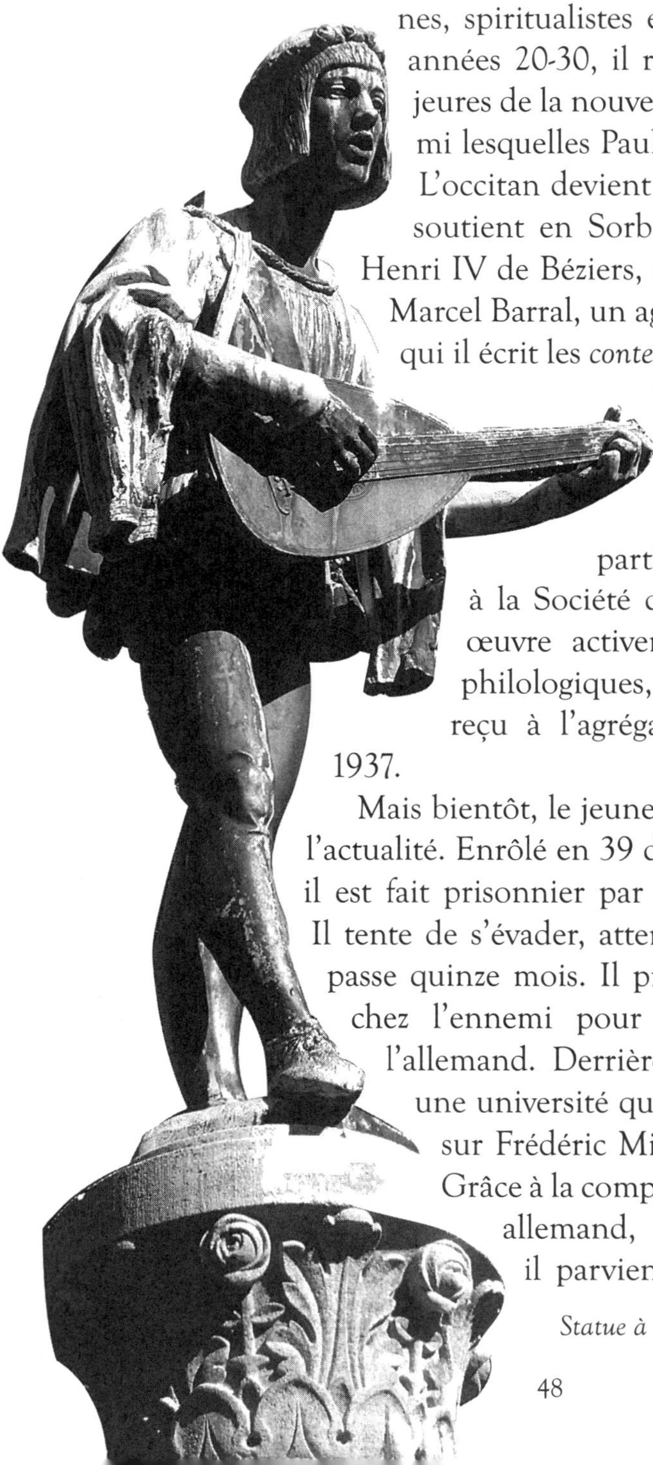

Statue à la gloire des troubadours occitans

France occupée, franchit la ligne de démarcation et rejoint son poste à Béziers, en zone libre, où il reprend son métier d'enseignant. Charles Camproux est patriote. À peine rentré au pays, il s'engage dans la Résistance et entre dans la lutte clandestine. Il organise des sabotages. Bien renseigné par le cousin de sa femme qui travaille dans la police à Montpellier, il met sur pied tout un réseau pour prévenir et mettre à l'abri les Juifs menacés d'arrestation par le régime de Vichy. Ainsi, son action dans la Résistance dans le département de l'Hérault est-elle assez considérée pour qu'à la Libération, il soit nommé par le général Leclerc préfet intérimaire, fonction qu'il remplit en attendant la remise en route de l'appareil administratif.

Faisant preuve d'un grand courage dans ces années sombres, plein d'énergie et d'humour, Charles Camproux restera toujours discret sur les exploits qu'il accomplit dans la Résistance. Après la guerre, il demeure un militant incontournable de la cause politique occitane mais il s'investit principalement dans les revendications pédagogiques pour donner à l'occitan la place qu'il mérite au sein de l'université. Méditerranéen dans l'âme, auteur d'une grande culture qui lui permet de s'exprimer dans la langue de son cœur, Charles Camproux est un être solaire. Ce grand poète occitan est aussi l'auteur de la première histoire de la littérature occitane parue aux éditions Payot en 1953 qui fait de lui l'historien de la langue d'Oc. En 1954, le voici chargé de cours à la faculté de lettres de Montpellier et il soutient une thèse d'État en Sorbonne sous la direction d'Albert Dauzat intitulée *Étude syntaxique des parlers gévaudanais, contribution majeure à la reconnaissance de la syntaxe de la langue occitane.*

En 1956, Charles Camproux fonde à Montpellier le Centre d'études occitanes. L'année suivante, il devient titulaire de la chaire de grammaire et de philologie française. Il engage alors une longue lutte pour faire reconnaître la culture occitane, la défendant aussi bien à la radio que dans la presse par de multiples articles parus dans les « lettres françaises ». Il devient en 1972 titulaire de la chaire Langue et littérature occitanes à l'université Paul-Valéry de Montpellier mais, malade, il est contraint de cesser ses activités d'enseignement et, d'abord entouré de sa femme et de ses filles, il doit finalement se retirer dans une maison de retraite près de Montpellier.

Ce professeur d'université, qui meurt le 3 avril 1994 à l'âge de 85 ans à Castelnau-le-Lez, tour à tour enseignant, éditeur, poète, militant idéologue, romaniste, philologue, fut distingué par la remise du prix Albert-Dauzat en 1961. Cet auteur contemporain d'une grande culture, développant une écriture poétique sans cliché, parfois comparé à Homère, était un amoureux de la Méditerranée. Ami de Blaise Cendrars avec lequel il entretenait une correspondance régulière, il renoua par sa création artistique avec la tradition des grands occitanistes. Celui qui passait ses vacances d'été à Palavas, dans un appartement face à la mer où il adorait nager, fut l'un des phares contemporains de la littérature occitane. Et si une place de Montpellier et un bâtiment de l'université Paul-Valéry portent son nom, ce n'est que justice tant son œuvre lyrique appartient à l'Histoire.

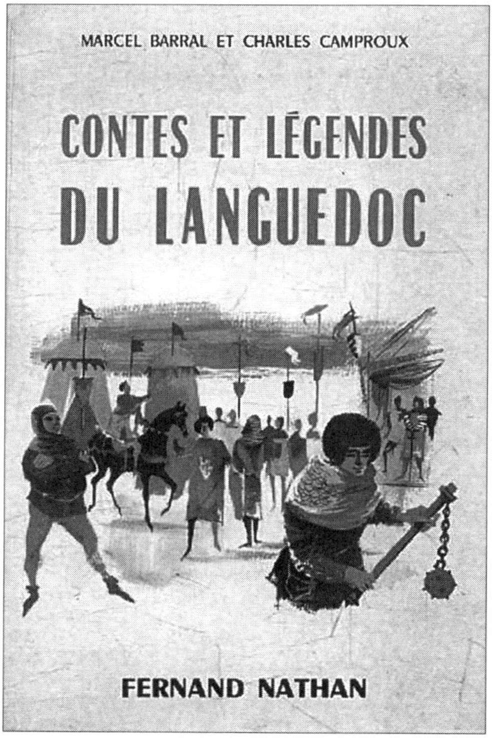

▲ *Un ouvrage célèbre de Charles Camproux*

Jean-Germain Caralp
Le sabre de la République

Dimanche 14 mai 2006, onze heures du matin. Dans le village de Prayols au sud de Foix, sous un tendre soleil printanier, un clairon sonne « Aux morts » et la foule des anonymes se presse autour des officiels. La raison de ce rassemblement ? En présence du Délégué Militaire départemental de l'Ariège, des autorités civiles et religieuses et des habitants du bourg, on s'apprête à dévoiler une plaque pour rendre hommage à un héros ariégeois méconnu et oublié, Jean-Germain Caralp. Étonnant destin que celui de cet enfant d'Ariège qui abandonna tout pour servir la France !

Jean-Germain Caralp est né dans ce petit village d'Ariège, un bourg peuplé de 250 habitants, le 3 novembre 1761. Il est le dernier d'une famille de sept enfants. Son père, François, est meunier, tout comme l'ont été ses ancêtres depuis près de deux cents ans. Sa mère, Marie Séret, tient le ménage de la tribu. En ce milieu du XVIIIe siècle où les crises frumentaires ne sont pas rares, qui dit meunier dit aussi un peu usurier. Exploitant deux moulins fariniers, sans être riches, les Caralp ne sont pas pauvres et se classent plutôt dans la catégorie des notables ruraux, souvent considérés comme des « coqs de village ». Cette aisance familiale vaut à Jean-Germain Caralp de recevoir une instruction, de savoir lire et écrire, en un temps où bon nombre de citoyens sont dans l'ignorance.

Mais quand on est le dernier de la lignée, il est d'usage comme cadet de quitter naturellement le pays pour laisser à ses aînés la jouissance des biens familiaux. Jean-Germain abandonne donc

l'affaire familiale à son frère Germain pour aller travailler à Foix puis à Toulouse comme commis. Il ne revient dans son village natal qu'en 1790 et c'est là que l'histoire le rattrape. Dès le début de la Révolution française, Jean-Germain Caralp adhère aux idées nouvelles qui balayent le pays. Quand l'invasion étrangère menace et qu'il faut défendre cette révolution qui libère le peuple de la tutelle des rois, à l'heure où la patrie est en danger, il n'hésite pas. Il accomplit son premier acte républicain en s'engageant le 15 janvier 1792 au premier bataillon des volontaires d'Ariège aux côtés de Justin Laffitte et de Bertrand Clauzel. Son destin est tracé, il sera le sabre de la République, participant à toutes les campagnes de la Révolution à l'Empire.

Témoignage de la sincérité de son engagement, le 2 mai 1793, Jean-Germain Caralp écrit une longue lettre à sa sœur adorée, Marguerite, demeurée à Saurat. Ce célèbre courrier plein d'une fougue passionnée et brûlante pour la défense de la République est un tel monument de patriotisme que le grand historien Paul Castera la cite en exemple dans son ouvrage sur la Révolution française dans le pays de Foix. Un courrier qui contraste avec la tiédeur politique de son frère aîné qui assure la direction de l'affaire familiale.

Sa forte personnalité l'impose, il est élu lieutenant par ses hommes au 25ème de ligne. Jean-Germain Caralp rejoint bientôt l'Armée des Alpes puis on le retrouve ainsi en l'an II et an III au siège de

▲ *L'église de Prayols, village qui vit naître Jean-Germain Caralp*

Toulon aux côtés de Bonaparte, puis dans les Pyrénées-Orientales en l'an IV. Capitaine en octobre 1795, il sert à l'armée d'Italie où il est blessé d'un coup de fusil aux côtés de Bonaparte qu'il protège de son corps à la bataille de Rivoli, en janvier 1797.

Caralp se distingue tout particulièrement au cours de la campagne d'Egypte en 1799, au siège de Saint-Jean d'Acre, le 21 floréal an VII. Ce jour-là, il monte le premier à la brèche et y reste plus d'un quart d'heure, le sabre à la main, s'exposant aux balles ennemies

pour exhorter de la voix ses grenadiers et rappeler à chacun qu'il doit tenir son poste pour vaincre ou mourir ! Et quand le clairon sonne l'heure de la retraite, le voilà courant sous un feu d'enfer jusqu'au pied du rempart. Parvenu à cent mètres de l'ennemi, Jean-Germain Caralp s'arrête soudain et, protégé par une bravoure insolente, baissant culotte, il dépose, en guise de mépris des Anglais, sous une grêle de balles, « un cynique outrage » que Cambronne n'aurait pas renié ! Quelques mois plus tard, le 28 germinal an VIII, il se couvre de gloire au Caire en sauvant des blessés lors d'une retraite incertaine. Ces actions d'éclat lui valent de recevoir un sabre

Napoléon et ses troupes devant Saint-Jean-d'Acre ▲

d'honneur du premier Consul le 15 septembre 1802.

Dans tous ces combats, notre vaillant ariégeois est aux côtés de son ami le général Justin Laffite. Le 15 juin 1804, Jean-Germain Caralp est nommé directement Officier de la Légion d'honneur au titre de la première promotion, celle du camp de Boulogne. Promu chef de bataillon en septembre 1808, il est fait chevalier d'Empire le 15 août 1809 et affecté au 85ème RI de ligne. Il rejoint l'armée des côtes de l'océan qui prépare l'invasion d'Angleterre et bientôt la grande armée du Rhin et d'Allemagne. Bon vivant et épique guerrier, Caralp se révèle être aussi un grand séducteur comme en témoignent plusieurs procès en reconnaissance de paternité que des jeunes femmes lui intentent, espérant profiter de sa gloire.

Mais hélas, des ennuis de santé viennent interrompre la brillante carrière de ce grand sabreur. Handicapé par la goutte qui l'empêche de se déplacer, Jean-Germain Caralp est obligé de demander sa retraite qui lui est accordée en 1813 avec le

grade de lieutenant-colonel. Il se retire à Prayols, dans sa maison, au lieu-dit « Le ruisseau ». Sans renier ses convictions républicaines, Caralp se fait discret pendant la première restauration. Mais ce fervent républicain reprend du service en 1830 : À soixante-neuf ans, il accepte le commandement de la Garde Nationale de Foix et d'Ariège, garantissant le maintien de l'ordre dans le département. Élu maire de Prayols en 1832, il organise la lutte contre le choléra qui emporte son ami Justin Laffite.

Mais en janvier 1837, ce patriote doit abandonner son mandat pour raison de santé. Sans descendance directe, malade, Jean-Germain Caralp lègue ses biens et notamment son sabre d'honneur à son beau-frère. Ce soldat de la République, combattant farouche de la liberté, décède le 2 juin 1837 à Prayols et repose depuis au cimetière de sa commune bien aimée.

◀ *Figurine de plomb représentant Jean-Germain Caralp posant culotte...*

Panoramique de la ville de Saint-Jean-d'Acre ▲

Marius Cazeneuve

Le magicien globe-trotteur

Le ciel de Toulouse charrie des cumulus de beau temps ce 14 avril 1913. Ils sont nombreux ceux qui se pressent de l'église Saint-Exupère au cimetière de Terre-Cabade pour rendre un dernier hommage au fabuleux prestidigitateur que fut Marius Cazeneuve, le nouveau Robert-Houdin.

Né à Toulouse, rue des Blanchers, ce fils de tailleur est l'aîné de cinq enfants. Il fut un autodidacte total, passionné par les sciences comme par les arts. Fréquentant le milieu du cirque, fasciné par les artistes, les fauves dans les cages, l'adolescent essaie de se faire recruter par le cirque oriental de Madrid. Opiniâtre, plein d'assurance, il croise le directeur de la troupe et parvient à se faire embaucher comme interprète en espagnol pour la tournée à venir. Ses parents, à l'annonce de son départ, sont effarés. Dans leur famille, jamais un Cazeneuve n'a été un saltimbanque ! Mais Marius n'en a cure. Deux jours plus tard, le voici en route pour la péninsule ibérique avec ses nouveaux compagnons. Marius n'a que 15 ans mais aspire déjà à la gloire de ceux qui brillent sur la piste par leurs jongleries ou leurs tours d'équilibre. Son contrat achevé, il travaille quelque temps au théâtre lyrique de Lyon avant de rentrer à Toulouse pour devenir l'assistant

de Bartolomeo Bosco auprès de qui il apprend la prestidigitation et la magie. Le célèbre illusionniste turinois lui enseigne ainsi en trois ans les bases du métier. Loin des grandes salles, Marius Cazeneuve parfait son apprentissage dans la campagne haute-garonnaise mais son savoir-faire le pousse rapidement à se produire auprès de publics plus mondains à Nice et à Vichy.

En 1863, il répond aux invitations de Napoléon III et, auréolé de son triomphe devant la cour impériale, le Toulousain aux cheveux frisés et à la moustache frétillante voit sa réputation grandir pour bientôt dépasser les frontières. En 1865, il se produit devant le tsar à Saint-Pétersbourg puis l'année suivante à Constantinople devant le sultan, et ensuite à Rome, Lisbonne, Londres... suscitant l'admiration des souverains et des chefs d'État, émerveillés par ses incroyables tours de passe-passe. Le méridional qui aime arborer décorations, médailles, peut s'enorgueillir d'un brevet de l'ordre du Nichan-Iftikar décerné par le Bey de Tunis lorsqu'il arrive à transformer en grenouille une recrue que le souverain voulait punir ! Se faisant appeler commandant Cazeneuve, libéré des soucis matériels, l'escamoteur globe-trotteur épouse en 1866 Alice Sybille, sa première assistante. Ils auront trois enfants. Installé à la Villa Gabès, une demeure qui subsiste toujours aujourd'hui au 4 de la grande rue

Marius Cazeneuve peint par Pierre Yrondi ▲

Saint-Michel, à Toulouse, l'illusionniste transforme sa maison en un cabinet de curiosités, y accumulant tapisseries, bronzes, bijoux, rapportés de ses voyages. Grand collectionneur d'art, Marius possède des centaines de tableaux de maîtres qui, à son décès, seront légués au musée du Vieux-Toulouse.

Officier de santé, rêvant de servir sa patrie, il constitue à ses frais, lors de la guerre franco-prussienne de 1870, une compagnie de francs-tireurs du Midi avant de rejoindre l'armée régulière comme capitaine au premier régiment d'élite. Passionné de sciences, inventeur prolifique, il fonde en 1874 l'institut du progrès qui a pour objectif de lutter contre les superstitions et le charlatanisme. Il entretient également une correspondance épistolaire suivie avec Victor Hugo qui est admiratif de ses talents.

Maïs le plus incroyable reste à venir... Rendu amer par la défaite face aux Prussiens, Marius Cazeneuve veut mettre son talent au service de la France pour contrecarrer l'hégémonie anglaise dans la course aux colonies. En 1886, il débarque à Madagascar, officielle-

La façade de la Villa Gabès, demeure de Marius Cazeneuve à Toulouse

ment pour distraire la reine Ranavalona III de ses tours de magie, mais avec l'ambition plus sérieuse de nouer des relations privilégiées entre cette grande île et la France à la barbe des Anglais, renouvelant ainsi l'expérience que le magicien Robert-Houdin avait jouée lors de la conquête de l'Algérie. La jeune reine âgée de 23 ans, mariée selon la tradition à un vieillard de 60 ans, est éblouie par son savoir-faire. Devenu son ami intime et son médecin personnel, son habileté glorifie la France et ridiculise le Royaume-Uni. La séduction que Cazeneuve exerce sur la jeune reine sera d'une incroyable efficacité diplomatique, puisqu'elle fera basculer Madagascar dans le giron français !

Dynamique, l'illusionniste occupe les dernières années de sa vie à développer les associations sportives de son quartier. Il œuvre ainsi pour la *Vaillante toulousaine* et les *Gavroches toulousains*. Ses obsèques sont l'occasion d'un dernier tour de passe-passe. Son cercueil n'est pas inhumé dans un caveau mais dans la fosse commune, lui qui avait tant fait pour la France ! Un dernier tour d'escamotage fidèle à un personnage haut en couleurs et surprenant.

Ranavalona III, reine de Madagascar ▲

Benjamin Crémieux
Un fin lettré anti-Vichy

Le ciel est bas sur Buchenwald, en ce 14 avril 1944. Dans ce camp initialement destiné à enfermer les opposants socialistes ou communistes au régime nazi, dans ce camp qui a reçu par la suite les Juifs de la nuit de cristal, les tziganes, les homosexuels, les prisonniers, se meurt Benjamin Crémieux sur un triste bat-flanc en bois.

Benjamin Crémieux est originaire d'une famille juive de Narbonne. Son père, Alphonse Abraham Crémieux, époux de Céline, née Montel, est tailleur. Benjamin naît le 1er décembre 1888 au 30 de la rue du Pont des Marchands, là où son père tient un magasin réputé. Mais ce n'est pourtant pas dans le textile et l'habillement que Benjamin va acquérir sa renommée…

Élève au collège Victor-Hugo, il fait de brillantes études, passe l'agrégation de lettres, puis un doctorat. Le 9 mars 1916, il épouse Marianne Comnène, une romancière née en Corse de lointaine ascendance grecque. Après une guerre courageuse, où il obtient de nombreuses citations, et l'insigne des blessés, Benjamin Crémieux publie en 1921 un roman autobiographique : *Le premier de la classe*, où il relate son adolescence narbonnaise d'une prose simple, sensible et généreuse. Ce roman sur le Narbonnais, qui obtient la bourse américaine associée au prix Blumenthal, est l'histoire d'un petit garçon endoctriné par son professeur de collège. Il y chante son amour pour le pays de son enfance : « les canaux du Nord ont les poètes et leurs peintres, ceux du Midi ne les ont point eus encore.

Au coucher du soleil, à Béziers, le canal de Paul Riquet, bordé de hauts cyprès est comme une lame d'acier bleuie qui plonge dans le sang du soleil ».

Intellectuel brillant, l'universitaire est chargé de diverses missions diplomatiques. En 1924, il publie la première étude sérieuse sur l'œuvre de Marcel Proust dans *La nouvelle revue française*, à l'initiative de Jean Paulhan. À cette époque, il révèle au théâtre le talent de *Pirandello*. En 1930, Crémieux publie un nouvel ouvrage consacré à la Narbonnaise de son enfance. Dans la collection À *la porte d'Aude*, sous le titre *La grenouille et les trois nourrices*, il rend notamment hommage à trois de ses amis narbonnais disparus en 14-18, François Baron, Louis Huillet et Georges Pliglowski.

En 1940, face à l'avance allemande, Benjamin Crémieux et sa famille trouvent refuge à Sanary, dans le Var. Dans cet entre-deux guerres où fleurissent les idées racistes, Benjamin Crémieux occupe le poste de secrétaire général de la section du PEN Club, une association internationale d'écrivains qui promeut la liberté

Le canal du Midi mis en lumière dans le roman de Benjamin Crémieux ▲

d'expression. Il incarne donc aux yeux de nombre d'idéologues d'extrême droite le cosmopolitisme de l'intellectuel juif, ce qui le désigne à la vindicte des fascistes.

Benjamin Crémieux, qui se trouve trop âgé pour lutter physiquement aux côtés de son fils Francis, un des fondateurs de l'Armée secrète, s'engage activement en 1941 dans le service de renseignements du mouvement « Combat ». À Marseille, il organise un réseau de renseignements sous le pseudonyme de Lamy. Benjamin Crémieux est la cheville ouvrière du fameux NAP, le noyautage des administrations publiques. Fier de ses origines, le critique littéraire publie le premier mai 1942, avec René Milhaud, un manifeste où il dénonce la politique anti juive de Vichy. Une telle activité ne peut que lui

Benjamin Crémieux (ici, en 1943) s'engagea dans la Résistance et le paya de sa vie

valoir de sérieux ennuis. Il est arrêté le 27 avril 1943 puis emprisonné plusieurs mois à Fresnes, avant d'être au début de l'année 1944 transféré à Buchenwald. C'est là qu'il meurt d'épuisement le 14 avril 1944 à l'âge de 55 ans.

Officier de la Légion d'honneur en 1937, médaillé de la Résistance, le grand écrivain communiste Jean Bruller, dit Vercors, lui dédie une nouvelle écrite en 1944, *L'impuissance*, publiée dans *Le silence de la mer*. L'année suivante, en 1945, sa femme, la romancière et traductrice Marianne Comnène, qui poursuit son œuvre de traduction du théâtre de Pirandello, apprenant la mort de son mari, fait paraître chez Gallimard un huitième roman intitulé *France* pour lui rendre hommage. Dans ce livre souvenir, elle retrace la vie familiale et notamment les relations parfois tendues entre le père, Benjamin, et son fils pour lequel le critique espérait une scolarité plus brillante.

Aujourd'hui, à Narbonne, en empruntant la rue Benjamin-Crémieux qui mène doucement jusqu'à la place des Quatre Fontaines, passant, souviens-toi de cet enfant au grand courage.

Charles Cros
Inventeur et poète

« Mon âme est comme un ciel sans bornes
elle a des immensités mornes
et d'innombrables soleils clairs,
aussi, malgré le mal, ma vie
le temps de diamant ravie
se mire au ruisseau de mes vers ».

Celui qui écrivit ces quelques vers fut tout à la fois un immense poète et un inventeur français de génie comme le XIXe siècle en a fait naître. Nous sommes en pleine période des vendanges ce 1er octobre 1842, dans la commune de Fabrezan, dans le nord du département de l'Aude, lorsque Charles Cros y voit le jour. Quatrième enfant de Simon Cros et de Joséphine Thore, il est le frère cadet d'Antoine, médecin, et d'Henri. Descendant d'une famille de professeurs érudite, il fait des études disparates et éclectiques sous l'autorité de son père qui s'occupe de son éducation. Il étudie ainsi le sanscrit, l'hébreu, la musique, les mathématiques. Esprit brillant et non conformiste, à la fois laborieux et indolent, Charles Cros obtient son baccalauréat à l'âge de 14 ans.

Passionné de littérature et de sciences, en 1860, à l'âge de 18 ans, il entre comme surveillant puis comme professeur de chimie à l'institut des sourds-muets, à Paris, et, en parallèle, commence ses études de médecine qu'il abandonne rapidement. À cette époque,

Charles Cros mène une vie mélangeant mondanités et recherches scientifiques. En 1867, il présente un prototype de télégraphe automatique à l'exposition universelle. Deux ans plus tard, en 1869, il envoie une note à l'Académie des sciences concernant un système de reproduction des couleurs, des formes et des mouvements. Son aspect méridional, son teint basané, sa tignasse crépue, ses yeux bleu clair, une extraordinaire mobilité d'esprit, ne manquent pas de le faire remarquer dans le Quartier Latin ou à Montmartre.

Poète cultivant la bohème, il fréquente le salon de Nina de Villard. Ses amis de l'époque s'appellent Verlaine, Coppée, Richepin, Rimbaud. Tout le Parnasse se rencontre chez cette femme libre, indépendante, riche, généreuse, curieuse et passionnée. Nina ne tarde

Charles Cros l'inventeur ▲

pas à s'éprendre de ce jeune homme si différent des autres, dont la fantaisie et l'humour ensoleillé rayonnent de verve et d'inspiration. Nina sera sa maîtresse jusqu'en 1878, date de son mariage avec Mary Hjardemaal, le 14 mai, où les témoins de Cros sont Manet et Théodore de Banville. C'est à cette époque que paraît *Le coffret de santal*, son premier recueil de poèmes, qu'il crée l'éphémère *Revue du monde nouveau.* Charles Cros, en pratiquant un langage lyrique rythmé par une imagerie saisissante, évoque pleinement la palette des sensations et des émotions.

Le poète, en marge de la société de son temps, poursuit ses recherches scientifiques. Le 30 avril 1877, Charles Cros adresse à l'Académie des sciences un mémoire très complet dans lequel il décrit les principes d'un appareil destiné à la reproduction des sons, doté d'une aiguille, d'une bobine tournante, utilisant la cire comme matériel de « gravage ». Il cherche vainement des investisseurs capables de réaliser un prototype. En désespoir de cause, Charles Cros s'adresse à l'abbé Le Blanc, un savant rédacteur scientifique de la semaine du clergé qui fait paraître le 10 octobre 1877 un article relatif à son invention. Celle-ci est officiellement désignée sous le nom de phonographe, terme choisi par l'abbé Le Blanc alors que Charles Cros aurait préféré celui de paléographe.

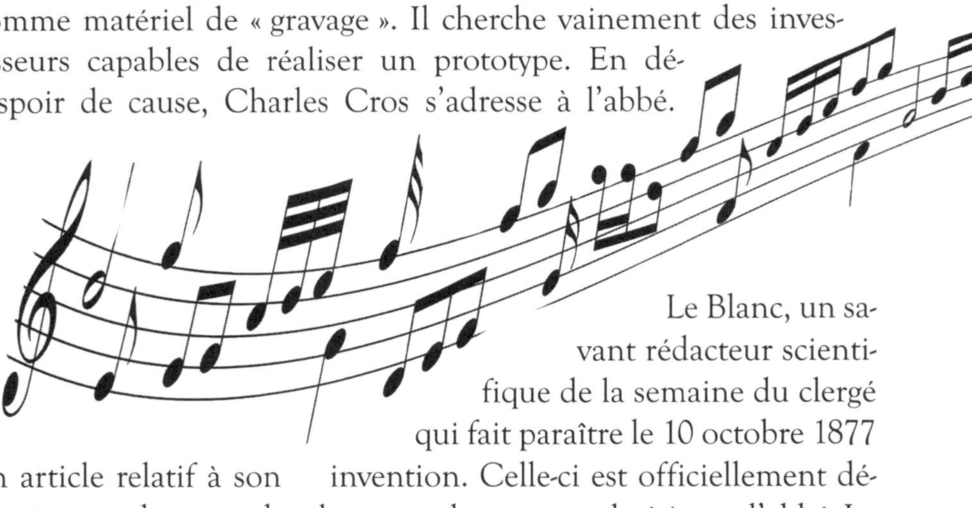

Le pli que Cros adresse à l'Académie doit être ouvert à la séance plénière du 8 décembre 1877. Cinq jours après l'ouverture du précieux document, Thomas Edison prend un brevet sur un appareil d'enregistrement des vibrations par une plume chargée d'encre. Le 15 janvier 1878, Edison prend un deuxième brevet qui s'inspire largement du mémoire de Charles Cros décrit dans les comptes rendus de l'Académie et par l'article de l'abbé Le Blanc. Edison fait breveter une invention similaire qui permet, comme on le dit alors, « d'entendre la voix du passé » et de « ressusciter les morts », le phonographe. Le 19 février 1878, le brevet est agréé par le Patent Office de Washington. Tout était clairement expliqué dans le mémoire de Charles Cros, la membrane vibrante, la pointe métallique qui suit les ondulations de la membrane, le moteur qui fait tourner le cylindre en cire où se grave l'enregistrement. Rien n'y manquait.

Si les deux hommes ne se connaissaient pas, la paternité de l'invention divise. Edison s'est-il inspiré des travaux de Cros ? Pour les Français, il n'y a pas de doute, l'invention leur revient. Il est vrai que Edison, homme d'affaires averti, trouva plus facilement en Amérique, ce pays neuf, les hommes capables de le financer tandis que Charles Cros qui essaya d'intéresser les constructeurs d'appareils scientifiques ne rencontrait qu'une indifférence des pouvoirs publics et le scepticisme des investisseurs.

Personne ne s'intéressa vraiment à son invention qui fit la fortune d'Edison. Il ne restait plus à Charles Cros qu'à poursuivre ses rêves pour faire entendre à quelques amis les sons de son phonographe monté dans une boîte à cigares.

Quelque peu découragé, Charles Cros obtient néanmoins, en 1879, le prix de l'Académie française pour ses travaux littéraires. La récompense est modeste même si elle s'accompagne d'une indemnité de l'Etat. À l'image du son, ses recherches sur la reproduction de l'image en

Un gramophone des années 1900

couleurs se heurtent à la rivalité de Ducos de Hauron. Scientifique et inventeur mal reconnu, poète en marge de son temps, isolé, n'appartenant à aucune école, Charles Cros voit sa santé se dégrader, fruit d'une vie de misère et de la consommation d'absinthe. Épuisé par l'incompréhension, le travail frénétique, la maladie de sa femme, Charles Cros meurt le 9 août 1888, à Paris, dans le 6e arrondissement, laissant la majeure partie de son œuvre non éditée. C'est son fils, Guy, qui la publiera en 1908, le tirant de l'oubli. Il avait 45 ans.

La gloire et la renommée viendront tardivement. Reconnu par Aragon et Desnos comme un grand poète, source d'inspiration du surréalisme, son œuvre est depuis éditée dans la collection La Pléiade. En hommage à ses travaux scientifiques, son nom est donné en 1947 à l'Académie qui attribue chaque année les grands prix du disque aux artistes, musiciens et compositeurs. En 1980, la BNF donne son nom à la collection d'appareils de lecture et d'enregistrement qu'elle présente sur le site de Tolbiac. Enfin, dans sa ville natale de Fabrezan, dans l'Aude, un musée lui rend hommage. Inauguré en 1988, on y retrouve le superbe buste de Charles, réalisé par son propre frère, le sculpteur Henri Cros.

Capitaine Jean Danjou
La légende de la Légion étrangère

Le soleil qui tombe ce 30 avril 1863 sur Camarón de Tejeda est le soleil de la mort. Autour de l'hacienda délabrée, il n'y a que des cadavres de Français et de Mexicains, parfois entremêlés. On relève plus de 250 morts et 320 blessés. Un carnage ! Seuls, au milieu des ruines calcinées, trois légionnaires appartenant à la 3e compagnie du régiment étranger sont encore vivants sur les 62 hommes que l'unité comptait. Ils consentent à se rendre à l'ennemi à condition de conserver leurs armes et de pouvoir soigner leurs blessés, notamment le sous-lieutenant Clément Maudet qui vient de tomber, blessé à deux reprises. Les rescapés sont présentés au colonel Milán qui s'écrie en les voyant : « Mais ce ne sont pas des hommes, ce sont des démons ! » Leur chef, le capitaine Danjou, est tombé héroïquement le matin même, écrivant par son sacri-

Le capitaine Jean Danjou

fice l'une des plus belles pages de l'histoire de l'Armée française et de la Légion étrangère.

Né le 15 avril 1828, qui est ce Jean Danjou dont le nom rayonne au firmament des officiers français tombés au combat ? N'est-il pas inscrit d'ailleurs, à la demande de Napoléon III, sur les murs des Invalides ? Jean Danjou a vu le jour à Chalabre, une petite ville de 3 000 habitants aux confins de l'Aude et de l'Ariège. Il est le fils de Jean Danjou et Marguerite Balussou, le quatrième d'une fratrie de huit garçons. Son père a une fabrique de bonneterie. Après de succinctes études à l'école primaire de Mirepoix poursuivies au collège à Carcassonne, Danjou, à l'âge de 15 ans, commence à travailler dans l'entreprise familiale. C'est la visite du sous-lieutenant Canut, un ancien ouvrier de la fabrique, qui est à l'origine de sa vocation militaire. Danjou est fasciné par ce soldat en grand uniforme.

Illustration de la légion étrangère en 1852

En 1847, Danjou entre à Saint-Cyr. Il en ressort sous-lieutenant pour être affecté au 51e régiment de ligne puis il intègre en 1852 le 2e régiment étranger. Il est promu lieutenant le 23 décembre 1863. Stationné en Algérie, c'est là, au cours d'une expédition topographique, que Jean Danjou est victime d'un accident. Son fusil explose et il doit être amputé de la main gauche. Mais l'officier n'est pas homme à renoncer à sa carrière. Il fait remplacer sa main perdue par une prothèse articulée en bois qu'il peut utiliser comme une vraie. Danjou participe ainsi au siège de Sébastopol en 1854 avant d'être promu capitaine à titre exceptionnel le 9 juin 1855, puis capitaine adjudant major le 18 septembre de cette même année. Dégagé des cadres d'active, il est fait Chevalier de la Légion d'honneur le 16 mai 1856.

Mais la politique étrangère de Napoléon III qui s'illustre par des interventions extérieures le rappelle au service le 26 mai 1856 pour l'affecter d'abord au 26e régiment d'infanterie avant de retrouver à nouveau le 2e régiment de la légion étrangère en 1857. C'est à ce titre qu'il participe ainsi en 1859 à la campagne d'Italie où on le voit sur le champ de bataille de Magenta et de Solférino. En 1861, lui naît une fille d'une union libre avec une femme de Sidi-Bel-Abbès. En 1863, l'intervention militaire de Napoléon III au Mexique, pour soutenir l'installation de Maximilien de Habsbourg, le fait s'embarquer le 9 février à Mers-el-Kébir sur le Wagram qui le débarque à Veracruz le 25 mars 1863. Le régiment de Danjou est chargé d'assurer la sécurité des liaisons entre Veracruz et Puebla où sont massées les forces françaises.

Le 29 avril, un important convoi part ainsi de Veracruz pour apporter munitions, médicaments, vivres, matériels de siège. Le colonel Jeanningros qui commande le régiment est inquiet. Une éclaireuse amérindienne l'alerte quant à la possibilité d'embuscades menées par les Mexicains. Pour ne pas tomber dans le piège, il décide d'envoyer une compagnie en reconnaissance. Les deux premières compagnies assurant l'escorte du précieux convoi, c'est donc la troisième qui reçoit l'ordre d'aller explorer le chemin. Hélas, tous les officiers sont malades, victimes du « vómito negro », la fièvre jaune qui décime le corps expéditionnaire. Courageusement, Jean Danjou, capitaine adjudant major, se porte volontaire. Deux sous-lieutenants, Jean Vilain, trésorier payeur du régiment, et Clément Maudet, porte-drapeau, acceptent de l'accompagner.

Les 62 soldats chargés de cette mission d'éclairage ignorent que face à eux, 1200 fantassins et 800 cavaliers mexicains guettent leur passage... Les Français qui sont partis à 1 heure du matin parviennent à l'aube au petit bourg de Camarón de Tejeda après avoir parcouru à marche forcée près de 24 kilomètres. Alors qu'ils font la pause, Danjou repère les Mexicains et décide de se replier dans le village. Déjà un coup de feu claque. Les cavaliers mexicains chargent. Danjou fait adopter à ses troupes une formation en carré qui brise la charge des Mexicains. Mais Danjou sait qu'ils vont revenir. Il faut trouver un endroit plus propice à la défense. Après avoir essuyé une deuxième charge, Danjou et ses hommes se réfugient dans une hacienda en ruines. L'Audois espère là pouvoir tenir assez longtemps jusqu'à l'arrivée des grenadiers du capitaine Saussier. Hélas, au cours de leur repli, les deux mules transportant vivres et munitions s'échappent en suivant les chevaux des cavaliers mexicains. Chaque légionnaire n'a plus que soixante cartouches pour sa carabine Minié.

Les légionnaires se barricadent comme ils peuvent, essayant depuis le toit du bâtiment de prévoir les mouvements de l'ennemi. Mais rapidement, les Mexicains occupent l'étage et deviennent maîtres du corps de ferme. Il est 10 heures. Le soleil commence à les faire souffrir de la soif et de la chaleur. Même si les Français n'ont rien mangé depuis la veille, ils n'envisagent pas de se rendre comme Danjou le fait jurer à ses hommes. Bientôt le bâtiment est en feu. En traversant la cour pour inspecter ses positions, Jean Danjou est frappé d'une balle en pleine poitrine. C'est le sous-lieutenant Vilain qui prend le commandement pour tomber à son tour vers 14 heures. Les Mexicains ont annoncé la couleur : il n'y aura pas de quartier.

Après avoir résisté plus de neuf heures aux assauts des 2 000 Mexicains, accablés de chaleur, étouffés par la fumée, à 17 heures,

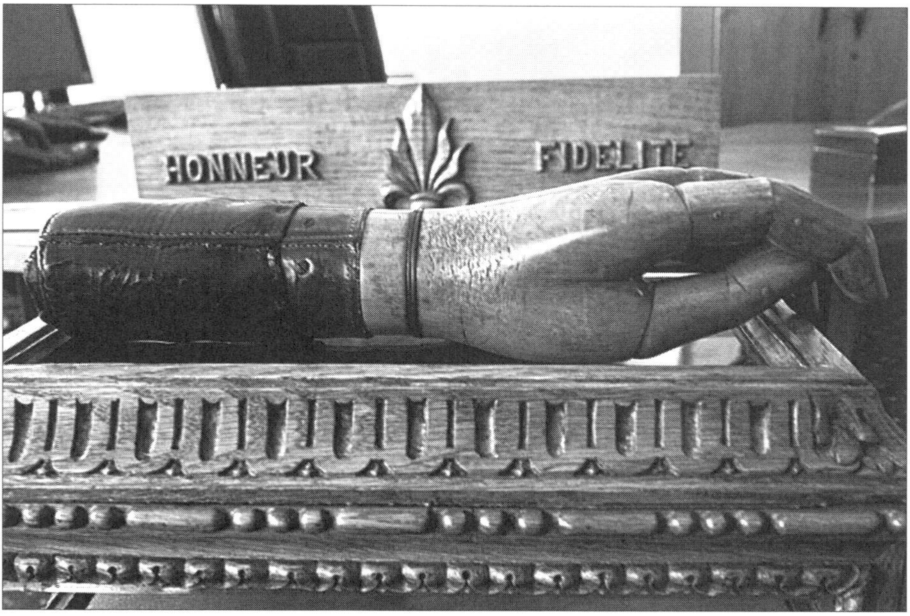

la situation est dramatique : 40 légionnaires sont morts, 23, blessés, ont été fait prisonniers dont beaucoup succombent à leurs blessures. Ils ne sont plus qu'une douzaine en état de combattre et à bout de munitions. Au signal du sous-lieutenant Maudet, ils se dressent, tirent, et chargent à la baïonnette. À l'issue de cet ultime baroud d'honneur, ils ne sont plus que trois à être encore debout. Face aux injonctions du lieutenant mexicain Ramon Laisné qui les somme de se rendre, ils acceptent à condition de conserver leurs armes. Devant le courage de cette poignée de soldats, l'officier mexicain s'incline. « On ne refuse rien à des hommes comme vous ! »

Grâce au sacrifice des légionnaires de Danjou, le convoi français put éviter l'embuscade des Mexicains et parvenir ainsi à Puebla. Impressionné par ce glorieux fait d'armes, le ministre de la guerre ordonna que, le 4 octobre 1863, le nom de « Camerone » figure désormais sur le drapeau du 2e régiment étranger. On cherchera longtemps sur le champ de bataille la main articulée du capitaine Danjou. Retrouvée par hasard en juillet 1865 chez un Français propriétaire d'un ranch, rapportée à Sidi-Bel-Abbès, elle est, telle une relique, conservée dans la crypte du musée de la Légion étrangère.

Si aujourd'hui, une stèle orne la façade de sa maison natale à

La main en bois du capitaine Danjou, conservée au musée de la légion étrangère à Aubagne ▲

Chalabre, le sacrifice héroïque du capitaine Danjou est commémoré tous les ans, chaque 30 avril, par la présentation de sa main articulée, à la cérémonie anniversaire de Camerone, fête nationale de la Légion étrangère, à Aubagne.

Joseph Delteil
L'écrivain paléolithique

Né la même année que Louis-Ferdinand Céline, le 20 avril 1894, à Villar-en-Val dans l'Aude, aujourd'hui oublié du grand public, Joseph Delteil n'est plus connu que par une poignée de lecteurs enthousiastes. Delteil a disparu des bibliothèques et l'histoire de la littérature, quand elle l'évoque, se contente de quelques lignes relatant son compagnonnage avec les surréalistes. Pourtant, le lyrisme, l'épique, le mystique, l'érotisme, le picaresque, le comique, le fantaisisme, le panthéisme de Joseph Delteil permet de proclamer : voilà un écrivain vivant. Comment ne pas souscrire à l'affirmation de Pierre Drieu la Rochelle qui affirmait après avoir lu son deuxième roman publié en 1923 : « Chauves, lisez Delteil, vos cheveux

Joseph Delteil en 1925

repousseront ! » tant il est vrai que la lecture de son œuvre qui évoque tous les sens, redonne grande santé.

Joseph Delteil n'est pas né avec une cuillère d'argent dans la bouche, c'est le moins qu'on puisse dire. Son père est bouscassier, c'est-à-dire à la fois bûcheron, charbonnier et sans doute un peu braconnier. Habitant dans une hutte de branchages la plupart du temps, ce paternel l'initie à l'aube de sa vie aux mystères de la liberté sauvage et de la vie en forêt. De sa mère, Madeleine Sarda, Delteil aura pour héritage des légendes et des rites du vieux Pays Cathare.

Transmission orale en langue d'Oc, bien sûr, car cette femme austère, religieuse, rigoureuse dans la vertu comme dans le labeur, ne sait ni lire ni écrire. Comme il le dit lui-même, Delteil aura une enfance quasi paléolithique. Il grandira dans un monde que la société industrielle n'a pas encore marqué de son empreinte. Ainsi, la littérature de Delteil n'empruntera jamais les chemins bien jalonnés du monde des gens de lettres. Toute sa vie, de cette enfance sauvage, Delteil gardera aux lèvres le goût de la révolte.

En 1898, après la naissance de sa petite sœur Marie, la famille s'installe à Pieusse, un village à quatre kilomètres de Limoux où

▲ *La vie paysanne a toujours séduit Joseph Delteil (tableau de M. Leenhardt)*

son père a acquis une parcelle de vigne. Voici donc notre Occitan farouche, notre indien insoumis, aux portes de la civilisation. À l'école primaire, Delteil se fait remarquer comme un élève brillant. Il poursuit ses études secondaires à l'école Saint-Louis-de-Limoux où il entre en 1907, l'année où le Midi connaît la révolte des vignerons. Prix d'excellence en 5e, en 1908, il entre directement en 3e au collège Saint-Stanislas, à Carcassonne. Sans doute madame Delteil caresse-t-elle le secret espoir de voir son fils devenir prêtre. Espoir déçu car Joseph, rebuté par le catholicisme traditionnel, se rapproche de Marc Sangnier et de son mouvement, *le Sillon*. Bachelier en juin 1913, Delteil qui commence à écrire des vers, devient clerc de notaire chez Maître Auzouy, au printemps 1914, à Limoux.

Au mois de mars, Joseph Delteil passe l'épreuve du conseil de révision et le voici affecté au 4e régiment colonial dans le Var, stationné à Toulon. Delteil y reste toute la guerre, échappant par miracle au massacre de sa génération. Ainsi il ne connaîtra jamais l'épreuve du feu, les orages d'acier de la grande boucherie européenne. En août 1919, Delteil fait paraître un premier recueil de poèmes, *Le cœur grec*, qui, l'année suivante, obtient un prix de l'Académie française. Libéré de la vie militaire, il est employé quelques mois au bureau des contributions indirectes de Fraize, dans les Vosges. En janvier 1920, il part pour Paris et s'installe à l'hôtel de Verneuil. Employé au comptoir d'escompte, il change fréquemment d'adresse, allant de pensions de famille en hôtels selon ses moyens financiers. Il est à cette époque en relation avec Henri de Régnier et Paul Valéry qui lui renvoie annotés et corrigés plusieurs de ses poèmes.

C'est en avril 1922, installé à l'hôtel de Turenne, que Delteil connaît ses premiers grands succès. En septembre, la N.R.F. publie *Iphigénie*. Son premier roman, *Sur le fleuve Amour*, parait à la fin de l'année aux éditions de la Renaissance dans une collection que dirige Pierre Mac Orlan. Il fréquente Aragon, Cocteau, Soupault, Jules Supervielle, Valéry Larbaud. Delteil adhère à la Société des gens de lettres. Compagnon de route des surréalistes, désormais au cœur de la vie littéraire, il connaît la vie trépidante de la bohême du temps. Il fréquente les femmes du monde, gagne beaucoup d'argent, en

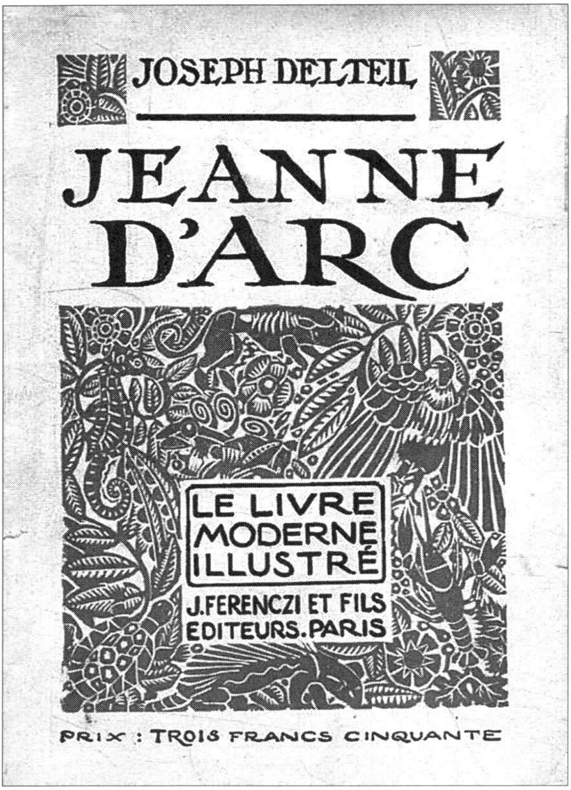

dépense autant. Il découvre à l'aube de ces années 20, le cinéma, le music-hall, la peinture cubiste, le jazz-hot. Il se lie d'amitié avec les peintres Robert et Sonia Delaunay, Marc Chagall, il croise Paul Morand, Henry de Montherlant. Le 31 décembre 1923, le jeune écrivain qui n'a pas 30 ans quitte son emploi au ministère pour se consacrer à la littérature.

Désormais installé au boulevard de la Chapelle, c'est dans ces années fastes que Delteil publie en 1925 *Jeanne d'Arc*, une biographie libre de la Sainte. Cet ouvrage lui vaut une lettre d'insultes d'André Breton, qui, pas plus que le rédacteur en chef de *La Croix* et les catholiques bien-pensants, ne supportent l'évocation de ce personnage sacré. Dire que la belle Lorraine a une jolie poitrine et des jambes vigoureuses la rend trop vivante aux yeux des chastes journalistes. La Jeanne d'Arc de Delteil déclenche dans le monde parisien une bataille littéraire digne de celle d'Hernani. Les écrivains catholiques Jacques Maritain et Paul Claudel ne s'y trompent pas. Cette Jeanne d'Arc est un chef-d'œuvre et vaut à Delteil en 1925 le Prix Femina. Joseph Delteil récidivera en publiant d'autres essais biographiques sur des personnages historiques. Sa verve, son génie, redonnent vie ainsi en 1928 à La Fayette, en 1929 à Napoléon, en 1931 à Henri IV.

Le 13 janvier 1930, Delteil rencontre Caroline Dudley. Celle qui deviendra son épouse est une fille de la grande bourgeoisie américaine, maîtresse de plusieurs écrivains dont John Dos Passos. Cette

▲ *Le livre qui fit scandale*

femme romanesque, introductrice de la *Revue Nègre* en France, restera toute sa vie sa fidèle compagne, sa muse et son amante. Pour arrondir ses fins de mois, rendues difficiles par la fréquentation des champs de courses et des casinos, Delteil assure la représentation d'une marque de blanquette de Limoux à Paris. Il confesse ouvertement sa lassitude, son désir de changer d'image. À la fin de l'année 1930, il diversifie encore ses activités en devenant directeur général d'une compagnie d'assurances. Admis à l'hôpital américain de Neuilly, victime d'une pleurésie tuberculeuse, Delteil qui en gardera toute sa vie une santé fragile, part en convalescence avec Caroline à Briançon.

En 1934, Delteil décide de quitter Paris. Il voyage dans l'arrière-pays niçois, en Italie, revient à Toulon pour passer l'hiver mais la nostalgie de ses racines paysannes le pousse à rompre avec la capitale et le milieu littéraire. Installés brièvement à Villeneuve-Lès-Avignon, les Delteil se mettent en quête d'une propriété agricole. En 1937, l'étoile de la littérature des années 20 et Caroline acquièrent la tuilerie de Massagne, un petit domaine de 60 000 pieds de vigne aux abords de Montpellier. Delteil s'y installe pour y vivre la vie d'un paysan écrivain jusqu'à sa mort. Depuis sa retraite occitane, il entretient de solides amitiés avec l'écrivain Henry Miller, les chanteurs Charles Trenet, Georges Brassens, le peintre Pierre Soulages, rencontré au coin d'une vigne en 1942.

Bien que sa santé reste fragile, Delteil continue après la guerre à publier préfaces, romans, traductions, poèmes, articles. Il collabore à des ouvrages collectifs, il voyage en Italie, en Espagne. En 1968, le génie littéraire des années 20 retrouve quelque notoriété avec la

Caroline Dudley, la muse de Joseph Delteil ▲

publication de *La Delteillerie*, une œuvre qui lui vaut les honneurs de la presse nationale, une émission sur la première chaîne de télévision, des enregistrements sur France culture et même les honneurs de Pathé actualités. À l'aube des années 70, on redécouvre ainsi Joseph Delteil, à travers un film de Jean-Marie Drot. Le poète paysan s'engage en 1972 dans le combat contre l'extension militaire du Larzac. L'homme refuse ce monde d'autoroutes et de supermarchés. Son âme paysanne appelle à la rupture face au modernisme des bureaucrates pompidoliens. Fidèle aux valeurs éternelles de sa jeunesse, l'homme de la terre lance un appel en décembre 1977 contre la construction des centrales nucléaires.

Très affaibli, Delteil s'éteint à la tuilerie de Massane le 12 avril 1978. Caroline le suit quatre ans plus tard. Aujourd'hui délaissée, son œuvre est toujours vivante. Les livres de Delteil n'ont pas pris de rides car en s'y retrempant, on y retrouve joie et belle santé, féconde révolte de celui qui plaidait pour une révolution en profondeur des structures de la société moderne.

D'Jelmako
Toujours plus haut !

Le 25 décembre 1857, jour de Noël, à onze heures et demie du matin, un petit homme voit le jour à Marseille. Cette naissance est le fruit d'un bien long voyage, une aventure commencée onze ans auparavant quand le père du nourrisson, Louis Blanc, émigre au Canada en 1846.

D'Jelmako habillé en indien

Louis trouve un emploi de régisseur dans une grande coupe de bois et tombe amoureux de la fille d'un trappeur, ces chasseurs professionnels qui piègent les animaux pour vendre leurs fourrures et vivent en symbiose avec les Indiens. Bien souvent, ils ont épousé une squaw et adopté les coutumes indigènes. La future femme de Louis Blanc, Sophie, a ainsi du sang sioux dans ses veines.

Le couple revient à Marseille en 1856 avec une

partie de la famille indienne de Sophie. Ayant acquis une ferme pour élever des chevaux – « La Grando Bastido » – c'est dans cet univers que va naître le petit Étienne Blanc, baptisé selon les rites Sioux, le 1er janvier 1858, du nom de D'Jelmako qui signifie « Le tonnerre qui gronde ». En grandissant, il s'imprègne de la vie des peaux rouges et des trappeurs. Il se passionne pour les animaux élevés par ses parents. Le gamin passe ses journées en compagnie des chevaux ou des chiens, grimpe aux arbres et malgré son jeune âge, monte à cheval à la mode indienne, sans selle.

Le 20 mars 1869, c'est un nouveau territoire d'aventures qui s'ouvre pour cet adolescent fougueux. D'Jelmako et son oncle embarquent pour le Canada. Arrivés à Québec, ils s'enfoncent dans les forêts du Grand Nord où, après une chevauchée de quatre jours, ils retrouvent cousins, oncles et tantes indiens. Vêtu de l'habit des trappeurs, il chasse pendant de longs mois le castor sur les canoës de bouleau, piège, visite les lacs Ontario, Érié, assiste aux cérémonies indiennes, apprend à manier le tomawak.

Quand D'Jelmako rentre en France, il est marqué par ce voyage et ses origines retrouvées. Il ne sera plus jamais comme les jeunes gens de son âge. Doté d'un sens de l'équilibre peu commun, il expérimente son don sur la corde à linge de sa mère qu'il parcourt avec sa petite sœur de deux ans, juchée sur les épaules. Son oncle indien l'encourage et lui procure un câble de chanvre où, à huit mètres de hauteur, il peut perfectionner son art. D'Jelmako réussit à la perfection tous ses exercices. Il marche en avant, en arrière, les yeux bandés, se couche sur la corde... Mais le petit prodige est brutalement ramené à la réalité par la mort en l'espace de douze mois de son père, de sa mère et de son oncle ! Orphelin à 19 ans, obligé de vendre l'exploitation familiale, il confie sa jeune sœur à des parents à Besançon.

Le voici seul au monde sans famille, sans travail, sans maison... Le hasard d'une rencontre dans le train qui le ramène vers Marseille fait basculer sa vie. Le directeur d'un théâtre de Rivesaltes l'embauche comme funambule, habillé en indien, pour courir sur un fil, les yeux bandés, allant même jusqu'à faire cuire un œuf pour le manger. C'est le succès pour le fildefériste qui rencontre là celle qui va devenir sa femme, la belle Paulia, une jeune danseuse. Il va alors s'établir et organiser sa vie en Occitanie, autour de Perpignan et plus tard Montpellier, entrecoupée de voyages et de représentations aux quatre coins du monde.

Le « roi des funambules » voit en effet sa renommée grandir. Il se produit au casino de Toulouse, à Carcassonne, à Biarritz. Désormais, il sélectionne ses contrats mais cherche toujours l'exploit. Ainsi tente-t-il avec succès la traversée de la rade de Villefranche-sur-Mer sur un câble tendu à 95 mètres de hauteur sur une distance de 750 mètres ! Les voitures se sont arrêtées pour observer son exploit. C'est une ovation qui lui est faite. À Asnières, il traverse la Seine de nuit devant une foule ébahie. À Marseille, il réalise 125 000 entrées à l'occasion de l'expédition coloniale. Partout où D'Jelmako se déplace, sa tenue de Sioux fascine. Le visage taillé à la serpe, le regard pénétrant, le cheveu noir, la tunique et un pantalon à franges, une cartouchière à la ceinture, son show ensorcelle le public d'autant qu'il travaille sans filet, ni corde d'assurance.

Si D'Jelmako est populaire, c'est aussi parce qu'il sait être généreux, donnant toujours une représentation au profit des pauvres de la ville. Le saltimbanque voit sa renommée croître aussi à l'étranger. Il se produit pour un premier contrat à Madrid au cirque Réal, puis à Lisbonne dans le jardin zoologique. Après la péninsule ibérique, il

Illustration de D'Jelmako, un funambule de grande hauteur ▲

part en Italie et va battre d'autres records, notamment en hauteur, à Rome. Il prend tous les risques, franchissant à Terni une cascade de 115 mètres de haut dans des conditions impossibles.

Ces déplacements dans toute l'Europe nécessitent l'emport de matériel important : treuils, plateformes, haubans. Son travail de funambule exige une excellente condition physique mais rien ne le rebute et pendant plusieurs mois, il se produit en Amérique Latine, à Buenos Aires, à Rio-de-Janeiro, à Montevideo... Puis c'est l'Amérique du Nord au printemps 1905. Là, il traverse les chutes du Niagara, défiant les lois de l'équilibre sur les 240 mètres qui séparent les deux berges.

D'Jelmako innove en permanence. Il excelle dans les tours d'adresse, n'hésite pas à prendre des spectateurs sur ses épaules mais ils ne sont pas très nombreux à oser l'aventure ! Et parfois c'est l'accident. À Béziers, les fusées de feu d'artifice dans son dos le transforment en une torche vivante. Sa convalescence sera longue. À Nice, le fil se rompt et l'équilibriste tombe d'une hauteur de 19 mètres dans la mer. Le casse-cou profite de ces incidents pour réfléchir à de nouveaux tours tout aussi périlleux les uns que les autres comme celui de la torpille aérienne. Ses prouesses acrobatiques parfois se terminent mal. En janvier 1914, à Alès dans le

▲ *Photographie du funambule dans les années 20*

Gard, D'Jelmako chute et se retrouve avec douze dents brisées et de multiples fractures.

La guerre précipite la fin de sa carrière. En 1914, il a 57 ans. Après l'armistice, il reprend du service en 1922 et accomplit son dernier tour de piste, le 30 juillet 1933 dans le Gers, à Riscle. D'Jelmako a 73 ans, il manque le câble et chute de neuf mètres sur la piste des arènes. Vivant mais atteint d'une fracture du crâne et d'une lésion à la colonne vertébrale, on le ramène à Montpellier où il vit depuis de nombreuses années et le blessé décède dans la nuit. La vie ne tient-elle pas ainsi qu'à un fil ?

Jeanne Dieulafoy
Une extraordinaire aventurière

Quel singulier destin pour cette petite fille de riches commerçants drapiers ! Rien ne prédestinait Jeanne, Henriette, Rachel Magre à devenir celle que ses contemporains de la deuxième moitié du XIXe siècle de la Belle Époque surnommèrent « la dame qui s'habillait en homme ». Appellation qui n'a rien d'usurpé tant Jeanne Dieulafoy fut audacieuse et intrépide sans peur ni crainte de transgresser les règles de la société et du milieu bourgeois d'où elle était issue.

Née le 29 juin 1851 à Toulouse, les premières années de son existence se déroulent entre l'hôtel particulier du 8 rue Joutx-Aigues et le domaine familial de Langlade, à Pompertuzat, au sud de Toulouse. Curieuse de nature, aimant les études, ses parents l'envoient quelques années aux portes de Paris. Élève au couvent de l'Assomption d'Auteuil, elle y reçoit un enseignement classique. De retour à Toulouse, Jeanne fait la connaissance, lors d'un bal, de Marcel Dieulafoy. De sept ans son aîné, sorti de polytechnique comme ingénieur des Ponts et Chaussées en 1863, affecté en 1868 à Aumale en Algérie, il y a découvert le charme de l'Orient. Entre les deux, le coup de foudre est immédiat. Ne nourrissent-ils pas la même soif de voyages ? Ils se marient le 11 mai 1870·

Mais leur bonheur conjugal est de courte durée. Trois mois après leur mariage, la guerre franco-prussienne de 1870 éclate. Après la défaite de Sedan, Marcel, patriote, s'engage dans l'armée de la Loire comme capitaine du génie. Mais Jeanne, indomptable, refuse cette séparation. Prête à braver tous les dangers, les cheveux courts, elle n'hésite pas à dix-neuf ans à se déguiser en homme et participe courageusement en tant que franc-tireur à de nombreuses opérations militaires ! Elle partage toutes les fatigues de la vie du soldat, n'hésite pas à dormir dans la neige, à passer des jours et des nuits à cheval. La nuit de Noël 1870, elle se distingue héroïquement en sauvant un bataillon qui allait être capturé par les Prussiens.

À la fin de l'hiver 1871, la guerre terminée, le jeune couple retourne vivre à Toulouse. Marcel Dieulafoy est en charge des édifices municipaux, mais il s'ennuie. Il rêve de partir avec son épouse vers l'Orient. En 1879, les Dieulafoy sautent le pas. Marcel quitte ses fonctions pour se consacrer à l'archéologie et Jeanne apprend le persan. En février 1881, les voici prêts à affronter l'aventure. Ils veulent découvrir les origines de l'architecture occidentale qui se trouveraient en Orient. Sans lettre de mission et à leurs frais personnels, les voici qui embarquent à Marseille à bord d'un navire qui les dépose à Constantinople. De là, ils rallient la mer Noire, traversent le Caucase puis la Perse à cheval durant près de quatorze mois, faisant moisson de photos de tous les monuments qu'ils découvrent. À Téhéran, grâce à un Français, ils font la connaissance du shah. Pourvus maintenant de précieuses lettres de recommandations, les Dieulafoy poursuivent leur périple vers Suse, l'ancienne capitale de l'empire achéménide et bien-

Portrait de Jane Dieulafoy ▲

tôt vers Babylone. Jeanne, qui se fait aussi appeler Jane, tient un journal, note leurs découvertes archéologiques. Toujours habillée comme un homme, l'aventurière visite les caravansérails, truffe ses écrits d'anecdotes, de descriptions. Le couple reviendra en Perse en 1884 et 1886, découvrant lors de leurs fouilles la frise des lions et celle des archers de Darius qui, acheminées et restaurées, sont encore exposées aujourd'hui dans deux grandes salles du Louvre. Le 20 octobre 1886, le président Sadi Carnot lui remet la croix de chevalier de la Légion d'honneur pour ses travaux archéologiques sur Suse. Jane fait ainsi partie de trois premières femmes à recevoir la prestigieuse décoration.

Mais l'activité de Jane ne se limite pas à l'archéologie. En 1888, elle publie chez Hachette le journal de sa mission puis se lance dans la rédaction d'une fiction historique sur le destin de Parysatis, l'épouse de Darius II. Son roman, succès littéraire de l'année 1890, est couronné par l'Académie française. Le compositeur Camille Saint-Saëns, séduit par cette œuvre, lui demande alors de rédiger le livret d'un opéra à venir.

Malgré leur renommée et leurs succès, les Dieulafoy ne parviennent pas à obtenir de nouvelles missions. Pourtant, Jane, qui mène une vie mondaine, fait sensation dans les cénacles parisiens. Fréquentant le salon de la comtesse de Beausacq, elle raconte ses aventures, sa vie d'européenne travestie en homme, déguisement

▲ *Le monumental taureau de Suse, au Musée du Louvre*

Jane Dieulafoy sous un abri de fortune, en Perse ▼

qui lui permet de voyager sans problème en pays musulman. Vêtue d'un pantalon de toile et d'une chemise blanche – une autorisation de se travestir ainsi lui a été délivrée par le préfet de police de Paris – elle y rencontre nombre d'intellectuels comme Pierre Loti, le grand écrivain voyageur.

Élue à l'Académie de l'inscription et des belles lettres, Jane Dieulafoy a l'honneur de présider le premier jury du prix de la revue *La vie heureuse*, ancêtre du prix Femina. Elle tient une rubrique de politique étrangère au *Figaro*. Néanmoins, un certain vague à l'âme l'habite. Elle ne peut repartir en Perse à cause des troubles géopolitiques mais continue de se consacrer à la littérature de voyage. Renonçant à la Perse, les Dieulafoy se tournent alors vers des pays proches. Au tournant du siècle, ils explorent l'Espagne, le Portugal. Avec la Première Guerre mondiale, Jane qui milite pour l'intégration des femmes dans l'armée, prend le chemin du Maroc où son mari, malgré ses soixante-dix ans, vient d'être affecté comme colonel du Génie à Rabat. Elle s'adonne là à sa passion en dirigeant les travaux de déblaiement de la mosquée du sultan Hassân, sur le site Yakub-el-Mansur. Elle projette d'explorer la ville romaine de

Volubilis. Elle crée un dispensaire et contracte une dysenterie.

En automne 1915, son état de santé est faible. Elle doit être rapatriée d'urgence en France. L'aventurière s'éteint chez elle, au château de Langlade à Pompertuzat le 25 mai 1916, à soixante-quatre ans. Son mari Marcel, maire du bourg, la rejoint quatre ans plus tard, pour un ultime voyage, au cimetière de Terre Cabade. Ainsi vécut celle qui fut archéologue, journaliste, femme de lettres, coqueluche du tout-Paris de la Belle Époque et que le New-York Times qualifiait de « femme la plus remarquable de toute l'Europe » !

Pourtant, il faudra attendre février 2022 pour que la ville de Toulouse honore la mémoire des Dieulafoy par des plaques commémoratives dans la rue qui porte leurs noms dans le quartier de la Côte Pavée.

Jacques Dupont

Le champion olympique du kilomètre

Si de toute évidence l'Ariège est terre d'ovalie et de ballon rond, pourvoyeuse de brillants joueurs internationaux tels « le génial chauve » Fabien Barthez ou encore Fabien Pellous surnommé « Menton », elle est tout aussi terre de cyclisme. Pour s'en convaincre, il n'est qu'à observer la renommée croissante de l'Ariégeoise, cette prestigieuse course cycliste créée en 1995 et qui se déroula en version XXL en 2021 sur 178 km avec 4 888 m de dénivelé positif. L'Ariège aime le vélo, proclame à juste titre le Conseil Départemental et l'Ariégeoise est digne des plus belles étapes du Tour de France ou du Giro. Pourtant, à ce jour, l'Ariège ne compte qu'un seul grand champion de cette discipline, Jacques Dupont, médaille d'or sur piste aux Jeux Olympiques de Londres en 1948, et qui est rarement cité par la profession.

Jacques Dupont est né à Lézat-sur Lèze, le 19 juin 1928. Son père tient la boucherie de ce petit bourg de la basse Ariège. Sa jeunesse est marquée par la pratique de nombreuses activités sportives : athlétisme, natation, basket et bien sûr le vélo qu'il débute à l'AC Pamiers. À dix-sept ans, le jeune Jacques monte à Paris pour chercher du travail tout autant que la consécration dans le cyclisme où il excelle et s'annonce déjà comme un des plus grands espoirs français. Aussi performant sur piste que sur route, il enchaîne les victoires et grimpe à une allure record les échelons de la notoriété. En 1948, aux JO de Londres, sur la piste du vélodrome de Herne-Hill, Jacques Dupont décroche la médaille d'or du kilomètre départ arrêté en 1 minute, 13 secondes et 5 dixièmes ! Il a tout juste vingt ans et c'est la gloire ! Jamais un sportif ariégeois ne s'était hissé aussi haut. Mais ce titre n'est pas le seul qu'il ramène des JO. Dupont obtient aussi la médaille de bronze avec l'équipe de France à l'épreuve sur route. Quelques semaines plus tard, décidément au mieux de sa forme, le voici médaille d'argent sur le podium amateur aux championnats de poursuite qui se tiennent à Amsterdam du 23 au 29 août 1948.

Une brillante carrière s'annonce pour notre Ariégeois qui voit dès lors les portes du cyclisme professionnel s'ouvrir devant lui pour l'année suivante. Mais c'est sans compter avec la fatalité et les mauvais tours de roue du destin. En octobre 1948, à Perpignan, Jacques Dupont participe à la dernière réunion de la saison cycliste et ne songe qu'à un repos bien mérité. Hélas un « pépin » matériel provoque sa chute sur la piste du vélodrome. Après quelques jours d'observation, les médecins se veulent optimistes.

▲ *Quand le succès amène la publicité*

Mais une semaine plus tard, ils doivent se rendre à l'évidence : Jacques Dupont est très gravement blessé ; sa fracture du crâne se double d'une hémorragie cérébrale qui occasionne une paralysie faciale ! Il faut à notre Ariégeois plusieurs semaines pour écarter tout danger. Ayant perdu l'usage de la parole, légèrement paralysé, sa convalescence sera longue.

Mais Jacques Dupont a un moral inébranlable et une volonté de fer. Naturellement, sa rééducation passe par le sport. Pour l'occasion, il renoue avec le basket qui exige détente, vitesse et adresse. Un an plus tard, sans abandonner pour autant le basket, il remonte sur un vélo pour une saison de réadaptation. En 1950, il passe professionnel et court pendant un an sous les couleurs de l'équipe Peugeot-Dunlop avant de passer sous celles de Dilecta-Wolber de 1951 à 1954. Vainqueur de la course Paris-Tours en 1951, champion de France sur route en 1954, il gagne à nouveau Paris-Tours en 1955 à la moyenne de 43,666km/h. L'Ariégeois en a sous les cale-pieds ! Déjà réputé pour sa pointe de vitesse, il reçoit à cette occasion le « Ruban Jaune », cette récompense qui distingue un coureur cycliste détenteur d'un record de vitesse sur une course de plus de 200 kilomètres.

Deuxième du Paris-Bordeaux en 1957, Jacques Dupont préfère de loin les grandes courses aux tours par étapes, comme le Tour de France. Doté d'une robuste constitution, l'homme est doux, d'un naturel réservé, presque timide. Coureur respecté et méticuleux, sa réputation de professionnel très rigoureux lui vaut le surnom dans le peloton de « Jacques la méthode », tant ses cahiers d'entraînement ou de nutrition sont des exemples à suivre. Très proche d'André Darrigade et d'Antonin Rolland, Jacques Dupont rejoint l'équipe Peugeot-Dunlop 1957 et 1958 avant de porter pour sa dernière saison de professionnel en 1959 les couleurs de l'équipe de Raphaël Geminiani.

En 1960, il met un terme à sa carrière sportive. Il retrouve alors la vocation de son père et travaille à la boucherie de Lézat et de Montesquieu-Volvestre jusqu'au début des années soixante-dix. À cette époque, il s'installe à Cahors où il ouvre une boutique « Midica », spécialisée dans la vente de mobilier et d'objets de décoration. Jacques Dupont reste néanmoins très proche des milieux sportifs. Il est même un temps soigneur de l'équipe de rugby du stade cadurcien où joue sous le maillot des « ciel et blanc » son fils unique. Il prend sa retraite en 1993 et regagne alors Lézat, son village natal où il demeure jusqu'en 2010 avant de se rapprocher de sa famille à Rodez. Mais sa santé se dégrade et au printemps 2013, Jacques Dupont décide de revenir en Ariège où la maison de retraite du Fossat l'accueille pour ses vieux jours. Il s'éteint le 4 novembre 2019 à l'âge de 91 ans. Ses compatriotes lui ont rendu l'hommage qu'il méritait : le Cyclo club local et une rue du centre de Lézat portent aujourd'hui le nom de celui qui demeure à ce jour l'unique champion olympique de cyclisme que compta l'Ariège.

▲ *Les exploits de Jacques Dupont relatés par le journal* Le Miroir

Pauline Fourès
Le grand amour oublié de Napoléon

Ne cherchez pas une rue ou une place à son nom en Ariège ! Celle que l'on surnomma la Bellilote et qui faillit devenir impératrice demeure oubliée de beaucoup. Pourtant, ce n'est pas faute d'avoir su conjuguer la beauté et la gloire...

Pauline est née le 15 mars 1778 à Pamiers dans une famille modeste. Son père Henri, Jacques, Clément Bellile est connu comme horloger. Espiègle, cette délicieuse blonde aux grands yeux bleus part à Carcassonne en apprentissage en 1798 pour travailler comme modiste dans l'atelier de madame Fourès. C'est là qu'elle rencontre le jeune frère de sa patronne, un sous-lieutenant au 22e régiment de chasseurs à cheval en convalescence. Le jeune officier ne tarde pas à succomber au charme de l'appaméenne qui se laisse séduire par la belle prestance du militaire. Les tourtereaux se marient le 27 janvier 1798 mais Fourès doit vite reprendre le chemin de son régiment qui fait partie du corps expéditionnaire que le général Bonaparte envoie en Égypte. Pas question pour les jeunes mariés de se séparer ! Qu'à cela ne tienne ! La Bellilote enfile un uniforme de chasseur et embarque incognito le 19 mai 1798 sur le bateau qui conduit son mari en Égypte. À l'arrivée, son existence clandestine est vite découverte mais son courage force l'admiration. Après un épique baptême du feu à la bataille du Nil, Pauline retrouve son état féminin. Le couple loge dans une petite maison au Caire où la jeune femme, tout aussi gracieuse que pimpante, participe activement à la vie de la garnison. Son charme et sa beauté font tourner les têtes. Pauline, toujours très amoureuse de son mari, repousse les nombreuses avances de ses admirateurs.

C'est dans les jardins du Caire que Bonaparte fait sa rencontre. Immédiatement séduit, le Corse lui envoie des bijoux, des cadeaux mais la belle résiste. Napoléon décide alors d'éloigner le mari qui est d'un tempérament jaloux. Il le nomme au grade de lieutenant, lui offre 3000 francs et un billet pour la France. Fourès n'est pas dupe. Mais il échoue à faire embarquer sa femme sur le bateau qui le ramène en France. La Bellilote reste en Égypte, loin de ses yeux. Délivré de ce mari gênant, la voie est enfin libre pour Napoléon. Pour la séduire, Bonaparte organise une réception, fait exprès de renverser un verre de vin sur la robe de la belle, prétexte pour la conduire dans ses appartements privés afin de réparer les dégâts. La belle n'en ressortira qu'une heure et demie plus tard, la robe toute froissée !... Les deux amants ne se quittent plus. Désormais, elle est la maîtresse officielle du futur empereur, participant aux banquets, passant les troupes en revue, ce qui lui vaut le surnom de Cléopâtre par les soldats. Fourès apprend vite son infortune. Retourné au Caire, il trouve la maison vide et demande un divorce qu'il obtient facilement. Quant à Bonaparte, il est prêt à divorcer de Joséphine de Beauharnais si Pauline lui donne un fils... Mais malgré ses efforts, la jeune femme ne tombe pas enceinte.

Le 17 août 1799, Bonaparte rentre en France où il sent que son destin l'appelle. Il laisse Pauline

Bonaparte devant le Sphinx (Jean-Léon Gérôme)

derrière lui. La Bellilote comprend qu'il l'a abandonnée pour que cette liaison ne nuise pas à ses ambitions. Que faire seule, sans mari ? Elle se cherche un nouveau protecteur... Très vite, Pauline devient la maîtresse de Kléber, commandant des troupes que Napoléon a laissées en Égypte. Par l'intermédiaire de son nouvel amant, elle parvient à rentrer en France. À Paris, pas question pour Bonaparte, devenu maintenant Premier consul, de revoir Pauline et de poursuivre cette encombrante liaison. Pour l'éloigner, Napoléon lui envoie de l'argent, ce qui permet à la belle Pauline de participer à la vie mondaine. Duroc, l'aide de camp de Bonaparte, la pousse à se remarier. Il lui présente Pierre Henri de Ranchoup, un officier en retraite que Pauline épouse le 11 novembre 1801 à vingt-trois ans. Laissant son époux suivre sa carrière diplomatique à l'étranger, Pauline ouvre un salon et mène grand train à Paris, accumulant les amants. Excédé, son mari finit par demander le divorce en 1810. La belle mène souvent plusieurs aventures de front, fréquente les bals masqués dans l'espoir d'y retrouver Bonaparte. Charmante, fraîche, drôle, elle plait autant aux hommes qu'aux femmes dans le gratin des cercles littéraires. La chute de l'Empire et l'exil de son ancien amant la laissent de marbre.

En 1816, Pauline rencontre Jean-Baptiste Bellard, un ancien capitaine de la garde impériale. Elle a 38 ans, en tombe follement amoureuse, l'épouse bien qu'il soit plus jeune. Mais les revers de fortune obligent bientôt le couple à partir au Brésil. Installés à Rio de Janeiro, Pauline se lance avec succès dans le commerce du bois précieux qu'elle expédie aux ébénistes parisiens. Elle fait fortune et rentre en France en 1837. D'un comportement excentrique, elle découvre la peinture et la musique. Mais son couple se disloque. En 1838, elle se sépare de son mari, se fait désormais appeler la comtesse de Ranchoup. Liée d'amitié avec le peintre animalier Rosa Bonheur, elle collectionne les copies de tableaux qu'elle lègue par testament à la ville de Blois où elle passe ses étés. Elle meurt le 18 mars 1869, entourée d'oiseaux en liberté et d'un singe. Enterrée au Père Lachaise, celle qui fut la maîtresse de l'Empereur est sans descendance.

Quelle vie rocambolesque pour cette jolie jeune femme qui n'avait pas froid aux yeux !

Caricature de Louis Pasteur combattant la rage (1886)▶

Pierre Victor Galtier
La rage de trouver

Quand on évoque le vaccin contre la rage, grande victoire scientifique remportée à la fin du XIXe siècle sur cette terrible maladie, c'est évidemment le nom de Louis Pasteur qui s'impose au grand public. Le célèbre chercheur avait obtenu la guérison quasi miraculeuse du petit alsacien Joseph Meister, un gamin de neuf ans, mordu par un chien enragé, grâce à l'inoculation de l'ébauche d'un vaccin. Pourtant, une étude historique plus poussée introduit le doute sur la paternité pleine et entière qu'on pourrait lui reconnaître. Si les mérites de Pasteur sont évidents, ils ne sauraient occulter l'importance des travaux qu'un vétérinaire moins prestigieux effectua avant lui. Sans mettre en cause le génie du grand homme,

il en est un, inconnu aujourd'hui, qui mérite bien une réhabilitation. Pasteur, sommité scientifique de l'époque, n'a-t-il pas volé la vedette à Pierre Victor Galtier, un professeur de l'école vétérinaire de Lyon dont il s'inspira largement. Retour sur l'histoire de ce personnage à la triste destinée...

Pierre Victor Galtier naît à Langogne, en Lozère, le 15 octobre 1846. Ses parents sont agriculteurs et comme tous les enfants de paysans, il connaît dans ses jeunes années une existence marquée par les travaux des champs et la vie dure. En 1853, le jeune Pierre Victor est scolarisé dans une école locale tenue par des religieuses. Par deux fois, il s'en enfuit et finit par être confié à sa grand-mère qui habite Langogne. Repris en main par des enseignants qui lui inculquent l'importance de l'assiduité et du travail, il poursuit des études au lycée de Mende pour les terminer à la Chapelle Saint-Mesmin, dirigée par Monseigneur Dupanloup et être reçu au Bac

Paysage de la Margeride natale de Pierre Galtier

avec une mention très bien. Maître d'études au collège de Marvejols, il prépare alors ardemment sa licence grâce à une bourse du département de la Lozère qui permet à un étudiant peu fortuné de devenir vétérinaire.

Reçu major au concours d'entrée à l'école vétérinaire de Lyon, il y reste le premier tout au long des quatre années d'études qu'il y suit ! Récompensé par le grand prix Bourgelat, il est en 1873 diplômé vétérinaire. Galtier commence sa carrière professionnelle en collaborant avec un vétérinaire d'Arles, monsieur Delorme, dont il épouse la fille avec laquelle il aura huit enfants. En 1876, il est reçu au concours de chef de clinique d'anatomopathologie. Il est nommé chef de service de pathologie dans son école. Dès lors, il travaille sur deux sujets majeurs, la rage et la morve, redoutables maladies infectieuses des animaux domestiques. L'école vétérinaire de Lyon est très en avance sur la compréhension du phénomène de la contagion, à l'heure où les grands noms parisiens de l'école d'Alfort en sont toujours à défendre le principe de la génération spontanée ! Puis deux ans plus tard, en 1878, Galtier obtient la chaire des maladies contagieuses.

Le 28 août 1879, le petit professeur originaire de Lozère présente à Paris, à l'Académie des sciences, une communication scientifique qui fait sensation. Henri Bouley, inspecteur général des écoles vétérinaires, président de l'Académie des sciences et professeur à l'école vétérinaire d'Alfort, en parle avec enthousiasme à son ami Louis Pasteur, absent ce jour-là à la séance de l'Académie. Pasteur, né à Dole, est très intéressé. La communication de Galtier le passionne et pour en apprendre plus sur ses travaux il fait le déplacement à l'école vétérinaire de Lyon. Les deux hommes travaillent sur le même sujet et Galtier s'inquiète à juste titre. Les communications de Pasteur du 31 mars 1881 et du 12 décembre 1882 empruntent largement à son travail.

Selon une méthode qui lui est coutumière et qu'il a déjà utilisée face à plusieurs chercheurs, Louis Pasteur relève des imprécisions ici ou là. Il les monte en épingle, joue sur quelques inexactitudes pour, au final, rejeter le discrédit sur l'ensemble des travaux de son rival

Pierre Victor Galtier

avant d'affirmer : « Nos expériences ont été plus heureuses ». De toute évidence, le jeune professeur lyonnais, quels que soient ses mérites, n'est pas de taille à lutter contre une sommité comme Pasteur que la République encense et couvre d'honneurs. Le grand homme reprend à son propre compte ses travaux et personne – pour ne pas déplaire à l'influent Pasteur – ne viendra soutenir Galtier, spolié dans ses découvertes. Fragilisé par des malheurs familiaux – il a perdu sa femme et quatre de ses enfants en peu de temps ! – Galtier est découragé. Ses publications en 1886 lui valent bien le prix Barbier de l'Académie de médecine et le prix Bréant de l'Académie des sciences pour son livre « *La rage envisagée chez les animaux et chez l'homme* », mais le mal est fait.

Ainsi le rôle de Pierre Victor Galtier dans la lutte contre la rage est-il passé à la trappe malgré l'antériorité de ses travaux vingt mois avant ceux de Louis Pasteur. Au début de l'année 1908, le comité de Stockholm qui ne s'y est pas trompé propose son nom pour recevoir le prix Nobel de médecine ! Mais malheureusement, l'intéressé décède le 24 avril 1908, quelques semaines avant que le jury ne délibère. Or, un prix Nobel n'est jamais remis à titre posthume. Ce sont Ehrlich et Metchnikov qui l'obtiendront. Chevalier de la Légion d'honneur, Commandeur du mérite agricole, Pierre Victor Galtier, professeur d'une école vétérinaire de province, n'était pas de taille à lutter contre les grands mandarins parisiens.

Carlos Gardel

Le prince du tango

Au cœur des Argentins, il est un mythe aussi populaire qu'Eva Perón, Che Guevara ou Diego Maradona. Et en France, a fortiori en Occitanie, il a pratiquement et injustement disparu de la mémoire collective ! Charles Romuald Gardès, né à Toulouse le 11 décembre 1890, dont la voix légendaire sera gravée pour l'éternité dans les sillons des disques vinyles, a grandi rue du Canal d'Arcole, à l'arrière de la boulangerie tenue par ses oncles Barrat. Tel est le décor où il passe les premiers mois de son existence.

Une vie qui commence dans un contexte difficile : être le fils d'une fille mère dans une société de la fin du XIXe corsetée par la morale n'est pas le meilleur cadre pour s'épanouir et réussir. Sa mère est employée dans l'atelier de repassage du quartier Saint-Aubin. Quant au père, il est présumé être Paul Lasserre, le fils de la patronne. Mais face à cette progéniture bâtarde, cette dernière s'oppose à toute union qu'elle considère comme une véritable mésalliance.

Après deux ans d'efforts infructueux pour faire reconnaître la paternité, Berthe Gardes et son fils quittent Toulouse pour l'Argentine. Accueillis dans le quartier de San Nicolas de Buenos Aires, faubourg populaire où se concentrent maisons closes, bistrots, théâtres, et conventillo – ces demeures pauvres où les émigrés partagent les mêmes cuisines –, Berta et Carlos, comme on les appelle désormais, s'intègrent facilement dans ce quartier qui vit au rythme du tango. Initié à la guitare, Carlos, plutôt bon élève, développe un goût affirmé pour l'art lyrique au collège Salésien Pie IX, où il reçoit une éducation moderne.

Avide d'indépendance, l'adolescent déserte fréquemment le domicile familial pour aller au-devant des vedettes comme le baryton Emilio Sagi-Barba qu'il prend en modèle. Devenu adulte, il fréquente le monde interlope du faubourg d'El Abasto où se côtoient proxénètes, escrocs mais aussi poètes payadores, ces troubadours qui s'accompagnent à la guitare et improvisent des chansons populaires. Le chant l'attire toujours. Carlos s'essaye à tous les genres. Présenté au célèbre payador José Bettinotti qu'il séduit par son talent naissant, sa carrière démarre. Ovationné durant six mois par le public bourgeois du théâtre de l'Empire, il enchaîne les chansons traditionnelles, exaltant la famille, la nation, la campagne avant de basculer peu à peu, à partir de 1917, vers le tango avec *Mi noche triste*, considéré comme le premier tango chanson de l'histoire. Devenu célèbre avec ce quatuor argentin, le Toulousain est invité à traverser l'Atlantique et se produit en décembre 1923 au théâtre Apollo de Madrid.

Sa voix séduit tous les publics bien au-delà des barrières linguistiques. Son charme et sa prestance fascinent les femmes. En 1929, le bel hidalgo part à la conquête de Paris. On le voit se produire sur

▲ *Carlos Gardel à Paris, en 1923*

les scènes de l'Opéra, de l'Empire ou de l'Odéon, où il interprète ses succès comme *El carretero, Francia,* ou le célèbre *Adios Muchachos*. Sur ces airs, on danse dans les bals populaires de la capitale, saisi par la fièvre du tango qu'il incarne totalement.

Au début des années 1930, Carlos Gardel se tourne vers le cinéma. Soutenu par l'épouse du riche industriel George T. Wakefield, encouragé par Charlie Chaplin lui-même, il se lance dans *Las luces de Buenos Aires,* son premier long-métrage, avant de signer avec la prestigieuse compagnie Paramount pour trois nouveaux films enregistrés à Joinville-le-Pont. Comme Maurice Chevallier, le tanguero Carlos Gardel ambitionne une carrière américaine. Après une grande tournée de spectacle à Paris en novembre 33, il part à l'assaut de New York. En 1934, il tourne avec un jeune bandonéoniste du nom d'Astor Piazzolla, une comédie musicale qui séduit les Yankees.

À l'automne 1934, après quelques semaines de détente en France où il est venu saluer sa famille à Toulouse et à Albi, il revient en Amérique du Sud. L'année suivante, il repart en tournée sans savoir que ce sera la dernière... Il trouve en effet la mort dans un accident d'avion au décollage de l'aéroport de Medellin, en Colombie, le 24 juin 1935. La peine de tous les Sud-Américains est immense. Durant huit mois, son cercueil transite de Buenaventura à Panama,

Carlos Gardel (à gauche) jouant aux cartes avec ses amis, en 1928 ▲

Rio de Janeiro, Montevideo, et Buenos Aires. Ils sont plus d'un million de personnes à l'accompagner au cimetière de Chacarita où, encore aujourd'hui, sa tombe, entourée de nombreux Ex Voto, témoigne de l'adulation de ses admirateurs du monde entier.

Pleuré comme un hidalgo, son lieu de naissance a fait l'objet d'une vive controverse entre la France, l'Argentine, et l'Uruguay. Bien que sa mise au monde à Toulouse, à l'hospice Saint-joseph de la Grave, le 11 décembre 1890, soit irréfutable, l'éventualité d'une naissance en Uruguay a longtemps alimenté la chronique. L'origine en revient sans doute à Carlos Gardel lui-même. Appelé au service militaire en 1910 pour une durée de deux ans puis mobilisable en 1914 dans le premier conflit mondial, Carlos Gardel s'est bien gardé de se présenter aux autorités. Considéré comme un insoumis, rendu passible de la peine de mort, l'adoption de la nationalité uruguayenne lui permettait une immunité totale, ce pays n'ayant pas de convention d'extradition avec la France. Toutefois, cette stratégie d'évitement ne doit guère faire illusion. Dans les quartiers populaires de Buenos Aires, on le surnommait *El Fracesitos*, le petit français. Par ailleurs, quoique sa naissance soit entourée d'un parfum de scandale, ses visites à sa famille toulousaine et tarnaise montrent bien qu'il n'avait jamais rompu les liens avec ses origines.

Lui-même entretenait d'ailleurs l'équivoque devant son public argentin en avouant : « je suis né à Buenos Aires, à l'âge de deux ans et demi », date de son arrivée en Argentine.

▲ *Statue de Carlos Gardel à Medellín (Colombie)*

Évariste Huc
Un Aveyronnais au Tibet

Dans la vie, on débusque quelquefois des chemins singuliers, dont on a peine à imaginer l'existence, surtout lorsque l'aventurier est vêtu d'une inoffensive soutane avec un missel à la main... Tel est le cas du célèbre père Évariste Huc, ce missionnaire, né à Caylus (Aveyron) le 1er juin 1813 dans une famille modeste.

L'enfant a grandi dans un bourg agricole où les curés dispensent la bonne parole. Évariste leur prête une oreille particulièrement attentive. Quittant son village natal, il part faire ses études au petit séminaire du Toulouse. Il sent s'éveiller en lui une vocation de missionnaire et se rend ensuite à Paris, en 1837, afin d'entrer dans la congrégation des Lazaristes.

Après deux ans de noviciat, il prononce ses vœux et se voit ordonné prêtre en février 1839. Quelle sera la prochaine étape ? Aller porter la voix de Dieu dans quelque village de l'Hexagone ? Il y aura mieux ! Un bastingage mouillé d'écume, des voiles qui claquent, un horizon marin où le soleil plonge... Évariste Huc embarque à bord du trois-mâts *l'Adhémar*, le 6 mars 1839, dans le port du Havre... Destination l'Orient où après cinq mois et demi, son bateau parvient à Macao. Évariste doit-il vraiment se réjouir d'avoir posé le pied sur le sol asiatique ? La guerre de l'opium vient d'éclater dans l'empire du milieu. L'hostilité enfle envers tous les Occidentaux. Les religieux sont particulièrement menacés. Évariste apprend que l'un de ses compatriotes lazaristes, le père Jean-Gabriel Perboyre, vient d'être sauvagement assassiné par des militaires chinois.

L'annonce de ce supplice ne rassure guère le brave Évariste. Aussi le curé prudent et rusé prend-il une décision importante : il va se déguiser ! Il quitte sa soutane pour un vêtement chinois et se rase la tête en gardant une longue tresse dans la nuque, sur laquelle sont posées des extensions de cheveux. Enfin, il se passe un fond de teint jaunâtre sur le visage puis se laisse pousser les moustaches pour cacher un nez plus imposant que celui de ses frères asiatiques...

Depuis Macao, Évariste part sur une jonque pour aborder le sol chinois... désormais interdit à tout Européen sous peine de mort ! Ce pays étant devenu trop dangereux, les Lazaristes ont décidé d'aller évangéliser la Mongolie. Mais pour atteindre la Mongolie, il faut emprunter une très longue route. Pendant son séjour à Macao, Évariste a appris à lire et écrire le chinois, parvenant à déchiffrer les idéogrammes. Il lui a adjoint le mandchou, le dialecte d'une vaste province du pays... Ces langues qu'il maîtrise désormais lui permettent de se déplacer plus facilement à l'intérieur de cet empire. Il observe tout un peuple paysan, l'épaule courbée sous une palanche où pendent de lourdes charges. Il s'imprègne des paysages, cultures en terrasses, rizières, fleuves et rivières.

Après 2 500 kilomètres de marche, le prêtre pénètre dans Pékin. La ville est dangereuse, Évariste ne s'y attarde guère. Le chemin est encore long. Sa mission est aux confins de la Mandchourie, au-delà de la grande muraille de Chine. Après d'interminables jours et nuits de route – à pied, à dos de cheval, en chariot ou sur les planches d'une jonque – il arrive enfin en juin 1841 à Si-Wan, petit village mongol de huit cents âmes, où une partie de la population est sensible à la parole des missionnaires chrétiens. Le voilà enfin en poste !

Évariste va rester trois ans dans cette bourgade. Mais il faut croire que ce nouveau vicariat devient trop étroit pour le père Huc... En août 1844, il est volontaire pour un voyage d'exploration qui le fera connaître dans l'Europe entière. Avec le père Garbet, il va étudier les tribus nomades du Nord en vue de leur évangélisation, en pleine Mongolie intérieure.

Pour se guider, les deux missionnaires ne possèdent qu'une

boussole et une carte géographique française de la Chine, aux tracés bien imprécis... La petite caravane est composée de trois chameaux, d'un mulet noir et d'un cheval blanc qui soulage de temps en temps les marcheurs. Pendant de longs mois, ils traversent tous les royaumes qui composent la Mongolie intérieure et vont à la rencontre des nomades « *de tente en tente, de peuplade en peuplade* ».

Le père Évariste Huc

Fondus dans le mode de vie des Tartares, mangeant des galettes d'avoine, buvant du thé, ils dorment sous leurs yourtes, se chauffent grâce à l'argol, cet excrément séché du bétail qui sert de combustible. Voyageant incognito, sous l'allure de lamas tibétains, ils se sont rasés le crâne, se sont coiffés d'un long bonnet jaune et ont enfilé une robe orange à ceinture rouge. Leur visage tanné par le froid et le soleil achève de parfaire cette ressemblance avec les moines vénérés du Tibet.

Évariste veut être le premier Français à pénétrer dans la cité interdite de Lhassa, au Tibet, sur le toit du monde... Pour cela, ils vont passer quelques mois à la lamaserie de Kounboum, bâtie à flanc de montagne et couverte de toits dorés. Ils y apprennent à lire et écrire le tibétain. Ils étudient le bouddhisme, s'imprègnent des prières silencieuses des moines, observent leurs coutumes.

Au mois d'octobre 1845, ils se joignent à une ambassade tibétaine, qui revient de Pékin, pour se lancer dans l'aventure. Il va falloir s'armer de courage. Pour atteindre Lhassa, il faut franchir le Transhimalaya : une succession de montagnes qui culminent à plus de 7 000 mètres d'altitude ! Le tout avec des vents violents et une température qui descend en hiver jusqu'à – 40°C... Le compagnon d'Évariste, le père Gabet, a les doigts gelés, il faudra plus tard l'amputer.

La dernière chaîne de montagne est la plus dure à franchir : 6 096 mètres. La caravane passe trois semaines dans cet enfer blanc. Mais le 29 janvier 1846, après 18 mois de voyage, c'est enfin la consécration. Les deux Français pénètrent dans la ville sainte.

Ils sont les premiers Occidentaux à visiter Lhassa depuis l'Anglais Thomas Manning, en 1811.

Dans cette cité si secrète, c'est l'émerveillement. Dans leur logement, ils aménagent une petite pièce en chapelle en tapissant les murs d'images saintes. Les habitants de Lhassa

▲ *Illustration tirée du livre d'Évariste Huc racontant son voyage*

viennent assister à leurs prières, s'intéressent à leur religion, écoutent leurs conférences. De quoi ravir les missionnaires français mais inquiéter un vil ambassadeur de la cour de Pékin ! Très vite, l'homme les soupçonne d'être des espions russes ou anglais et de vouloir s'emparer du pays.

Il leur faut sans plus tarder partir du Tibet. La mort dans l'âme, après seulement quatre semaines passées à Lhassa, les deux Français quittent la Chine sous bonne escorte. À peine reposés du trajet aller, ils doivent remonter en selle et repartir en plein hiver affronter les montagnes du Transhimalaya. Un mois plus tard, ils sont à Macao et pénètrent un beau matin dans leur mission, alors que tout le monde les croyait morts !

Évariste Huc est épuisé. Il ne peut plus monter à cheval et de multiples furoncles le font terriblement souffrir. Il met à profit sa convalescence pour rédiger, pendant presque deux ans, le récit de cette extraordinaire aventure humaine qui rencontre un franc succès en France comme à l'étranger. Le père Huc fait découvrir à l'Occident tout un pan de la culture asiatique qu'il ne connaissait pas.

Le 1er janvier 1852, Évariste quitte la Chine et revient en France après un long périple par l'Égypte et la Palestine. Quelques mois après son arrivée, il est décoré de la Légion d'honneur. Il devient également l'ami d'Alfred de Vigny, de Lamartine, de la Comtesse de Ségur… Napoléon III en personne l'invite à dîner et lui propose d'imprimer ses ouvrages avec le sceau impérial.

Mais l'écrivain-missionnaire qui fréquente les salons et le beau monde est pourtant fatigué, usé. Nommé enseignant au grand séminaire de Montpellier, il finit par démissionner à la fois de son poste et de la congrégation des Lazaristes ! Il repart vers Paris où il meurt dans l'oubli, chez lui, le 31 mars 1860, à l'âge de 46 ans pour être inhumé ensuite au cimetière Montparnasse.

Jean Laborde

Le cadet de Gascogne, le cador de Madagascar

Dans l'histoire des grandes découvertes, il est communément admis que ce sont les Portugais qui, le 10 août 1500, avec leur navire *le Diogo Dias*, entraîné par la tempête, touchèrent les premiers les côtes de Madagascar. Plus tard, l'île connut aux XVIe, XVIIe et XVIIIe siècles des vagues de colonisations superficielles permettant la création de comptoirs portugais, hollandais, anglais, et surtout français. Toutefois, ces premiers contacts montraient les Européens aux yeux des Malgaches comme des marins violents, des trafiquants pillards, parfois des pirates sans scrupules. Longtemps, Madagascar resta ainsi réfractaire aux influences étrangères.

Jean Laborde

Un Gersois allait inverser le cours de l'histoire et devenir une grande figure historique de cette île. Jean Laborde, natif d'Auch, fut tout à la fois aventurier, industriel, et ambassadeur des intérêts français dans cette région de l'océan Indien où il exerça une grande influence tant dans la société que sur la politique.

Né le 16 octobre 1805, rien ne prédestinait pourtant Laborde à cet étonnant destin ! Étudiant d'abord au Collège impérial de 1815 à 1818, son père lui apprend le métier de forgeron dans l'atelier familial de 1819 à 1822. Mais comme tout cadet de Gascogne, Laborde sait bien qu'il n'est pas destiné à reprendre l'entreprise. Il décide alors de s'engager et rejoint un régiment de dragons où il sert de 1823 à 1826, avec le grade de maréchal des logis. En juillet 1827, Jean Laborde annonce à son père qu'il est temps pour lui de donner un autre sens à sa vie et qu'il va chercher fortune dans les Indes. La Restauration en France ne lui offre en effet aucune perspective à la hauteur de ses ambitions. Alors, autant aller courir le monde pour se faire une place au soleil !

Ses parents lui donnent une petite somme d'argent pour viatique et le voici en 1827, à 22 ans, qui embarque sur un voilier en partance pour l'Inde avec un ballot de pacotilles dans l'espoir de fonder sur place son propre comptoir commercial. Grâce à sa débrouillardise, à son génie créateur, il a tôt fait d'écouler sa verroterie et de faire des affaires. Il fonde un atelier de mécanique à Pondichéry et son commerce prospère. Ne réussit-il pas ainsi à faire fabriquer 300 trompettes pour la garde d'un Maharadjah ? Mais le démon de l'aventure le tenaille. En 1830, monsieur Savoie, un capitaine au long cours sans ressources, lui propose d'affréter un navire, *le Saint Roch*, pour partir à la recherche de cargaisons de riches épaves. Mais pris dans une tempête, Jean Laborde fait naufrage sur la côte est de Madagascar. Il a tout perdu, y compris son bateau fracassé sur les rochers. Les autochtones avec qui il entre en contact l'amènent chez un *vazaha*, un étranger blanc, qui habite à 180 kilomètres de là, Napoléon de Lastelle, un riche homme d'affaires français exploitant une plantation de canne à sucre, avec autorisation de la reine Ranavalona I.

Napoléon de Lastelle offre un emploi à Laborde dans sa sucrerie mais prenant conscience de son talent pour la forge, le missionne pour fabriquer des fusils pour l'armée malgache. Connaissant le caractère xénophobe de la reine, surnommée par les Français la Caligula malgache, de Lastelle prépare la rencontre avec la souveraine en faisant épouser à Jean Laborde, une métisse, Émilie Roux. Ranavalona I tombe sous le charme du jeune homme et lui concède la fabrication des armes pour son pays. Laborde installe ses premiers ateliers à Ilafy et devient bientôt le précepteur du fils de la reine. En 1834, il livre ses premiers fusils aux Malgaches. Jean Laborde devient un puissant industriel et un homme très influent. En 1856, il répudie sa femme légitime, Émilie, lui laissant la charge de gérer une exploitation agricole, pour mieux être présent aux côtés de la reine. Réputée cruelle et implacable, la souveraine devient aimable et sensuelle dans les bras du Gersois...

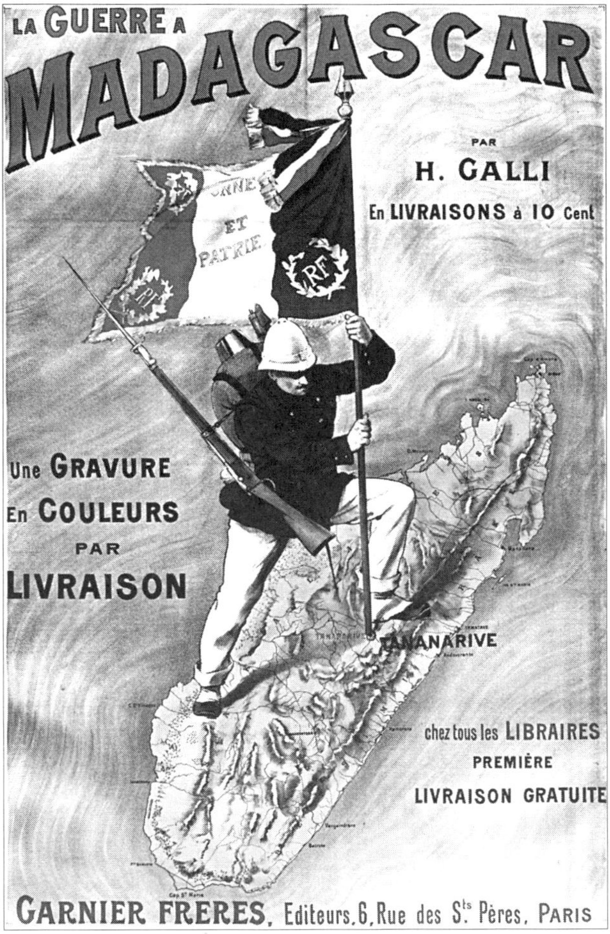

La présence en terre malgache de Jean Laborde est bien plus importante qu'il n'y parait. L'aventurier n'a pas oublié son pays natal et il cherche à combattre l'influence des Anglais toujours avides de conquêtes. Il aimerait voir Madagascar passer sous protectorat

Affiche illustrant la conquête (1895) de Madagascar ▲

français. L'amant blanc de la reine sanguinaire est couvert d'honneurs, ce qui passe pour une trahison auprès de certains européens. Ne l'accuse-t-on pas d'être devenu entièrement malgache ? Suite aux manigances des Anglais, Jean Laborde, accusé de complot, doit s'exiler à la Réunion en 1857. Ses biens sont confisqués. Pendant son exil, Laborde apprend que Napoléon III le nomme Chevalier de la Légion d'honneur.

Le 18 août 1861, après le décès de Ranavalona I, qui fit massacrer de nombreux convertis au christianisme, son fils Radama II lui succède et rappelle ses amis français. Mais ses ateliers étant dévastés, Jean Laborde ne songe pas à relancer ses activités. Nommé consul de France à Madagascar le 12 avril 1862, il représente avec sa position privilégiée les intérêts de son pays natal. Après 1863 et l'assassinat de Radama par des nationalistes traditionalistes qui portent au pouvoir le parti ennemi de la France, Jean Laborde conserve son poste de diplomate mais assiste, impuissant, à la montée d'influences anglaises. Désillusionné, Laborde se retire de l'action politique. En 1870, il éprouve le besoin de revoir sa terre natale mais la guerre avec l'Allemagne lui fait abandonner son projet. Jusqu'au

La maison de Jean Laborde à Mantasoa

bout, il se battra pour lutter contre l'influence anglaise et l'avancée du protestantisme.

Malade, Jean Laborde meurt le 27 décembre 1878. Il ne verra pas la France établir son protectorat sur Madagascar. Le Gersois trouve le repos éternel dans son tombeau de Mantasoa où la nouvelle reine Ranavalona III lui organise des obsèques grandioses, quasi royales. Si aujourd'hui tous les Malgaches connaissent son nom, les Français l'ont souvent oublié. Seule une série de sept timbres à son effigie émise en 1938, et deux paquebots de la compagnie de messagerie maritime dont le dernier lancé à Bordeaux en 1952, ont porté le patronyme de cet aventurier gascon qui offrit à la France la domination d'une partie de l'océan Indien.

Yvette Labrousse
On l'appelait La Bégum…

Qui a dit que les contes de fées n'existaient pas ? Ainsi, le mariage en 1944 de la fille d'un traminot de l'Hérault et de l'homme le plus riche du monde n'est-il pas l'exemple de l'une des plus grandes histoires d'amour du XXe siècle ?

En 1906, Adrien Labrousse est chauffeur de tramway à Sète. Il est marié depuis quelques années à Marie Brouet, une couturière qui confectionne et retouche les vêtements des élégantes de la ville. Équipée de la machine dernier cri, installée dans sa maison de la Grand-rue, Marie a un succès grandissant auprès de la bourgeoisie locale. Le 15 février 1906, la petite Yvette voit le jour. Mais bientôt, la famille doit quitter Sète, car Marie Labrousse ambitionne de travailler dans la haute couture. Direction Lyon, la capitale du textile, « le pays des étoffes ». La couturière y crée un atelier prospère et dynamique. C'est dans ce milieu et ces travaux d'aiguilles que grandit mademoiselle Labrousse. Auprès de sa mère, elle apprend le métier et se révèle tout aussi douée.

La jeune fille est d'un caractère plutôt effacé, timide. Elle est complexée par sa grande taille. À 20 ans, c'est une splendide femme qui dépasse les 1 mètre 80 et sur laquelle les Lyonnais se retournent. Sur l'insistance de sa mère et de ses amies, Yvette se résout à participer au « concours des reines de beauté » de la ville. À l'unanimité, elle est élue Miss Lyon en 1929, à l'âge de 23 ans. L'année suivante, elle remporte le titre de Miss France et rate de peu Miss Monde, à Rio de Janeiro, quelques mois plus tard.

Yvette défile pour les grands noms de la mode et rencontre des personnages influents. En 1938, lors d'une soirée de gala, son regard croise celui de l'Imam Sultan Mohammed Shah, l'Aga Khan. Le coup de foudre est réciproque. À 32 ans, Yvette vient enfin de trouver le grand amour de sa vie... L'homme est un véritable « dieu vivant ». Il est le descendant direct du prophète Ismaël, le 48ème chef spirituel des Ismaéliens, cette communauté musulmane dispersée à travers le monde. Souverain sans État, l'Agha Khan est l'un des hommes les plus puissants et les plus riches du monde, on le surnomme « l'Imam aux 700 000 carats de diamants ».

En 1943, il divorce de sa troisième femme et se marie avec Yvette Labrousse, le 9 octobre 1944 à Genève. Convertie entre-temps à l'Islam, l'Héraultaise s'appelle désormais « Om Habibeh Bégum Aga Khan » un titre qui équivaut à celui de reine. Il a 67 ans, elle en a 38...

Le couple heureux trouve sur les hauteurs du Cannet, dans les Alpes-Maritimes, une splendide propriété dont les pentes couvertes d'essences méditerranéennes descendent jusqu'à la mer. Ils en font leur nid d'amour et l'appellent la villa Yakimour (qui est la contraction de Yvette Aga Khan et amour). Un an et demi après le mariage, l'Imam célèbre son jubilé de diamant. Il marque le soixan-

Yvette Labrousse, miss France 1930 ▲

tième anniversaire d'un règne qu'il a débuté très jeune, à l'âge de huit ans. Le 10 mars 1946, cette cérémonie a lieu à Bombay puis le 6 août à Dar es Salaam, en Afrique. On y célèbre notamment la traditionnelle pesée de l'Aga Khan où les fidèles offrent à leur chef… son poids en diamants ! Le souverain grimpe sur une bascule qui accuse… cent neuf kilos ! Pendant toutes les festivités, la Bégum apparaît aux côtés de son mari, avec un superbe sari brodé de plus de trois cents pierres précieuses.

Durant treize ans, elle va accompagner son mari dans tous les déplacements que nécessite sa fonction. C'est un diplomate et un homme politique très actif. Né en 1877 et élevé en Inde, il est le premier Agha Khan à se rendre en Europe, aux États-Unis, en Chine et au Japon. Son aura internationale devient telle que Londres l'accueille en 1916 comme un véritable chef d'État. Membre de la Société des Nations à partir de 1934, il la préside en 1937 et rencontre même Hitler, à Berlin, pour empêcher la guerre qui menace. Toute sa vie, l'Aga Khan continuera ses interminables déplacements pour la paix.

En parallèle de ces maintes activités, le chef des Ismaéliens est un grand mondain. Yvette est particulièrement à l'aise dans ce milieu où brillent les paillettes et coule le champagne. Avec son mari, elle aime particulièrement fréquenter les champs de course. L'écurie de l'Aga Khan remporte plusieurs fois le prix de l'Arc de Triomphe et la Triple couronne britannique. Le Tout-Paris a adopté Yvette. Elle est intelligente, compréhensive et généreuse. Elle est l'épouse d'un homme richissime qui la couvre de bijoux. Par les journaux, on apprend notamment qu'il lui a offert un magnifique diamant de 22 carats, la « Marquise », d'une valeur de 60 millions de francs. De quoi attirer bien des convoitises…

Le 3 août 1949, la Bégum et l'Aga Khan doivent se rendre à Deauville, leur avion privé décolle de l'aéroport de Nice à 14 heures. Avec son époux et sa femme de chambre, elle monte dans la Cadillac. Le chauffeur ne force pas l'allure, ils ne sont pas en retard. Tout à coup surgit de la gauche une Citroën Traction qui obstrue la chaussée. La Cadillac est immobilisée. Trois hommes se précipitent, l'un armé d'une mitraillette, les deux autres de pistolets. La Bégum ne peut faire autrement que de donner le sac en cuir rouge qu'elle cachait entre ses jambes. À l'intérieur, 200 millions de bijoux et 250 000 francs en billets de banque… Le hold-up du siècle n'a duré que cinq minutes…

Seul le grand banditisme est capable d'un tel coup. Après quelques mois d'enquête, on apprend que l'organisateur est un caïd de la pègre marseillaise, Paul Leca. La police ne pourra pas l'arrêter, le cerveau a pris la fuite pour New-York. Un rebondissement inattendu relance l'affaire le 29 janvier 1950… Ce jour-là, le commissaire Truchi trouve un paquet ficelé et cacheté de cire portant la mention : « À ouvrir en présence de M. Sacotte, juge d'instruction ». Les deux hommes découvrent avec stupeur des clips, des bagues, des pierres précieuses… Ce sont bien les bijoux de la Bégum ! On ne saura vraiment jamais pourquoi le butin a été restitué si facilement.

Pour l'Aga Khan et son épouse, il est temps de reprendre une douce vie mondaine entre la villa d'Assouan, sur les bords du Nil, pendant l'hiver et Yakimour à la belle saison. C'est une vie sans nuages que traverse un couple particulièrement uni. Pour la remercier de son dévouement, l'Aga Khan donnera à La Bégum le titre sacré de Mata Salamat (Mère de Paix). Elle est la troisième en qua-

La Bégum à Cannes ▲

torze siècles à porter ce titre ! Une reconnaissance exceptionnelle et très rare... Cette union exemplaire est malheureusement brisée par les problèmes de santé du guide des Ismaéliens. Le 3 février 1954, on célèbre à Karachi, avec un an d'avance, le 70e anniversaire de son règne. Le 11 juillet 1957, à 80 ans, le roi des rois décède, laissant la Bégum inconsolable. Fidèle à la volonté de son mari, Mata Salamat élève à sa mémoire un superbe mausolée sur les hauteurs d'Assouan.

Veuve à 51 ans, Mata Salamat refusera toujours de refaire sa vie. Elle n'a pas eu d'enfant. Elle va rester très unie à sa belle-famille. Avant de mourir, l'Aga Khan a désigné comme imam héréditaire son petit-fils Karim. Dans son testament, il a précisé que La Bégum devra guider les premiers pas du nouveau chef spirituel pendant sept ans. Yvette s'acquitte avec soin et discrétion de cette lourde tâche. Elle consacre aussi le reste de sa vie à des actes de charité. Yvette Labrousse viendra plusieurs fois à Sète sur les traces de son enfance. Elle est accueillie à chaque fois avec les honneurs de son rang. Après les réceptions officielles en mairie, elle aime se rendre dans le Quartier Haut de la ville où elle a fait ses premiers pas.

▲ *Le mausolée de l'Aga Khan que fit construire La Bégum, à Assouan en Egypte*

La Miss France la plus célèbre de notre pays s'éteint le 1er juillet 2000 à l'âge de 94 ans. Selon son souhait, la Bégum est inhumée dans le mausolée de marbre blanc d'Assouan. La « Mère de paix » vient de rejoindre son mari pour l'éternité.

Odilon Lannelongue

Le mandarin philanthrope

Le 27 novembre 1882, le grand leader républicain Léon Gambetta se blesse bêtement dans sa maison des Jardies en manipulant un révolver. La balle pénètre la paume de l'homme politique pour sortir dans l'avant-bras. Pour se faire soigner, Léon Gambetta fait appel à son ami le professeur Odilon Lannelongue, membre de l'Académie nationale de chirurgie, qui soigne de nombreuses personnalités de l'époque dont la grande Sarah Bernhardt. Hélas, à la mi-décembre, l'état de santé de Gambetta se dégrade et ses médecins lui détectent une inflammation du péritoine probablement due à un cancer de l'intestin. L'homme d'État meurt dans la soirée du 31 décembre 1882 et l'autopsie a lieu le 2 janvier. Suite à cette recherche des causes du décès, son corps est alors démembré, le cœur au Panthéon, le cerveau à l'institut de médecine, l'œil unique à Cahors, les restes dans le caveau de famille à Nice et le bras avec la main blessée vont en héritage... à son grand ami le professeur Lannelongue ! Si, pour la petite histoire, on perdit en 1910 la trace de ce fameux bras, toujours pas retrouvé aujourd'hui, cette étrangeté conduit à s'interroger sur celui que l'on qualifierait de nos jours de médecin des stars. Qui était donc cet Odilon Lannelongue dont une fondation et un institut portent encore aujourd'hui le nom ?

Le nouveau-né pousse son premier cri le 4 décembre 1840, dans le Gers, à Castéra-Verduzan. Fils d'un modeste officier de santé de province, il fréquente le lycée d'Auch, poursuit ses études à Paris où il s'inscrit en médecine à 18 ans. L'étudiant est brillant. Sur les bancs de la fac de médecine, il rencontre Georges Clemenceau, fréquente les républicains, et se lie d'amitié avec Léon Gambetta. Il décroche la médaille d'or de l'internat et son diplôme de docteur en poche, il ouvre un cabinet rue Saint-Honoré. Sur les champs de bataille de la guerre de 1870, il gagne bientôt par sa compétence et son courage ses galons de chirurgien major. C'est dans le contexte de ce conflit franco-prussien qu'il rencontre Marie Cibiel. La jeune femme, issue d'une grande famille bourgeoise solidement implantée dans le textile, est veuve. Son premier mari n'est autre que le vicomte Pierre de Rémusat, le fils du célèbre Charles de Rémusat. Pendant la guerre, elle a fait de son hôtel particulier un hôpital pour les soldats blessés. La riche veuve Marie de Rémusat tombe sous le charme du médecin gersois. Grâce à elle, le docteur Lannelongue va connaître une ascension fulgurante dans la haute société parisienne. Marie Lannelongue, solidement fortunée, n'hésite pas à financer les projets de son époux. Ensemble, ils créent deux hôpitaux spécialisés dans la chirurgie du cœur et du poumon. Héritière du magnifique château de Valmont en 1877, elle demeure dans l'ombre de son mari qui accède aux plus hautes responsabilités de la médecine française. Président de l'Académie nationale de chirurgie, Chevalier de la Légion d'honneur depuis le 22 février 1871, il est

Odilon Lannelongue

nommé officier le 13 juillet 1887 et soigne alors tout ce que la capitale de la France compte comme célébrités politiques. Il est ainsi le médecin du Président Sadi Carnot, du Président Fallières... C'est encore lui que l'on appelle à l'Élysée lorsque son ami le Président Félix Faure meurt dans les bras de sa maîtresse en 1899 à la suite d'un effort trop prononcé. Lannelongue est ce qu'on appelle un honnête homme. Humaniste bienveillant, il fonde des prix pour aider les étudiants méritants. Les époux Lannelongue ont la passion des voyages. Ils multiplient les séjours dans les capitales européennes où leur fortune leur permet de rapporter de véritables trésors. Ainsi, ramènent-ils une moisson d'œuvres d'art de Venise. Mais hélas pour leur couple, Odilon et Marie n'ont pas d'enfant.

Professeur de pathologie chirurgicale en 1884, le Gersois est nommé en 1892 président de la prestigieuse association générale des médecins de France (AGMF) fondée en 1858 par Pierre Rayer, qui a réglementé l'exercice des pratiques de la médecine jusqu'alors confus. Mais Lannelongue n'a jamais rompu les liens avec sa terre natale. Il reste attaché à ses racines gasconnes. Ainsi, à Paris, il préside « La Garbure », la société amicale des Gascons du Gers. À Castéra-Verduzan, le couple fait construire une belle villa où il vient

▲ *Caricature (d'Adrien Barrère) de professeurs de médecine dont O. Lannelongue vers 1900 (il est le 6ᵉ en partant de la droite)*

séjourner chaque année. Ce bienfaiteur, qui consulte gratuitement pour les plus démunis, nourrit bientôt des ambitions politiques. En 1892, il devient maire de sa ville natale de Castéra-Verduzan ; l'année suivante, il est élu député du Gers et en 1906, en deviendra le sénateur jusqu'à sa mort. Toute une partie des œuvres d'art et de ses souvenirs de voyages à l'étranger sont réunis dans sa maison natale de Castéra-Verduzan avec le souhait, affirmé, de constituer pour les habitants de son village et des localités voisines un véritable musée, synthèse de l'histoire de l'art. Sans enfants, les Lannelongue sont très attachés à leurs deux jeunes nièces, Marie et Laure, qui viennent depuis Agen leur rendre visite dans leur magnifique hôtel particulier parisien au n° 1 de la rue François 1er, dont les grandes baies vitrées du salon plongent directement dans la Seine. Aussi humaniste et généreuse que son mari, Marie partage la vie d'Odilon pendant trente ans. Ensemble, ils vont créer en 1895 la Ligue Fraternelle des Enfants de France qui est aujourd'hui la plus ancienne œuvre sociale au secours des jeunes. Odilon est un généreux donateur. Il soutient chez lui le fonctionnement des thermes de Castéra-Verduzan. Son action philanthropique lui vaut d'être élevé au rang de Commandeur de la Légion d'honneur, le 7 août 1900. Hélas, le 1er juin 1906, Marie meurt subitement. Odilon a beaucoup de mal à poursuivre son travail. Il entreprend un tour du monde pour se changer les idées mais finalement son voyage s'arrête en Asie.

En octobre 1908, pourtant, grâce à l'assistance de ses deux nièces et de la toute nouvelle agence Cook, il recommencera son grand voyage et finira par le mener à son terme en débarquant au Havre en juillet 1909 après 270 jours de voyage. De cette extraordinaire aventure, Odilon publie un livre aux éditions Larousse l'année suivante. Couvert d'honneurs, il meurt le 21 décembre 1911, à l'âge de 71 ans. S'il repose à côté de sa chère Marie à Castéra-Verduzan, il lègue toute sa fortune à une fondation médicale.

Les vastes collections de meubles et d'objets d'art, la maison de Castéra-Verduzan, le reste de ses biens, sont légués par testament à l'État français, à charge de réaliser un musée d'éducation populaire pour les enfants et la jeunesse. Si la fondation Lannelongue fonctionne toujours aujourd'hui, le musée que Lannelongue avait espéré fut fermé quelques années plus tard, son contenu dispersé par l'État sans égard pour les volontés des donateurs. Saisi par l'un de ses descendants, l'État consentit à restituer les biens de la donation. Hélas, la mésentente entre les héritiers précipita le partage de sa succession qui fut actée par le jugement du Tribunal de Grande Instance d'Auch en date du 22 janvier 1986. Rachetées par

la mairie, les collections furent vendues aux enchères et dispersées. Ainsi, sa belle villa est-elle devenue un restaurant et le casino de Castéra-Verduzan.

Tel n'était pas le destin qu'Odilon Lannelongue, humaniste et altruiste, avait envisagé pour ses biens. Ce médecin, dans la lignée des grands noms de la science française, a dû s'en retourner dans sa tombe.

▲ *La maison d'Odilon Lannelongue, à Castéra-Verduzan, reconvertie en casino*

Édouard Lartet
L'un des pères oubliés de la préhistoire

À l'issue de la désastreuse guerre de 1870, les Prussiens entrent dans Paris le 29 janvier 1871. Ce même jour, dans le petit village de Seissan, dans le Gers, un avocat de 70 ans, Édouard Lartet, se meurt. La nouvelle ne fait pas la une des journaux. Les évènements de la Commune de Paris occupent trop l'actualité. Pourtant, Édouard Lartet, professeur de paléontologie au musée d'histoire naturelle de Paris, inventeur du mot néolithique, l'âge de la pierre nouvelle, président de la société d'anthropologie de Paris, était et reste un phare dans l'histoire de la découverte de la préhistoire. Mais qui était ce savant considéré aujourd'hui comme l'un des tout premiers inventeurs de l'art du paléolithique, qui établit la contemporanéité de l'homme et du mammouth ?

Édouard Armand Isidore Hyppolyte Lartet est né sous le Premier Empire, à Castelnau-Barbarens, au lieu-dit Saint-Guiraud, le 15 avril 1801. Il est issu d'une famille aisée de propriétaires terriens établis dans le Gers depuis plus de cinq siècles. Lartet fait d'excellentes études au lycée d'Auch. Il reçoit d'ailleurs là les félicitations personnelles de Napoléon Ier lors de son passage dans la ville en 1908. Bachelier à l'âge de 18 ans, il suit des études de droit à l'université de Toulouse où il obtient sa licence en 1820. L'année suivante, passionné par les sciences naturelles, Lartet part pour la capitale et suit les cours du Musée d'histoire naturelle et du Collège de France. Il s'intéresse particulièrement aux travaux de Georges Cuvier. De retour dans son Gers natal en 1830, il exerce comme avocat et administre le domaine familial. Mais sa passion le conduit à étudier la géologie et la paléontologie tertiaire.

En 1833, Joseph Debat, un berger du village voisin, apporte à l'érudit local un étrange ossement. Au premier examen, Édouard Lartet l'identifie comme une dent de *Mastodont,* ce cousin éloigné de l'éléphant qui vivait bien avant l'antiquité. Lartet se fait conduire sur le site et découvre un véritable gisement de restes fossiles d'animaux totalement inconnus. Les premières publications de ses travaux en 1834 ont un grand retentissement. Guizot, ministre de l'Instruction publique, lui accorde les crédits pour fouiller le site. En 1836, Lartet découvre une mandibule. Cette découverte contredit la théorie de Cuvier. Le 16 janvier 1837, après trois ans de fouilles, le chercheur envoie un article à l'Académie des sciences, dans lequel il annonce avoir découvert une mâchoire inférieure avec ses incisives, ses canines et ses molaires. La mâchoire exhumée est celle d'un primate anthropoïde inconnu, un singe fossile. Sa découverte fait l'effet d'une bombe dans le milieu scientifique à l'heure où les chercheurs sont divisés sur les théories de l'évolution des espèces. Évoquer une parenté entre l'homme et le singe est encore inconcevable en ces années où les travaux de Darwin ne seront connus que vingt ans plus tard !

La découverte de l'avocat gersois décide l'Académie des sciences à mettre sur pied une commission d'enquête présidée par Henri-Marie Ducrotay de Blainville, titulaire de la chaire d'anatomie comparée au Muséum d'histoire naturelle, pour étudier la théorie farfelue de ce juriste qui se pique de sciences. La conclusion de la

▲ *Édouard Lartet*

commission est sans appel : l'autodidacte a raison, il s'agit bien de restes de singes anciens. Les primates fossiles existent. Cette certitude fait voler en éclats toutes les théories créationnistes qui prétendaient que l'homme a été créé par la main de Dieu. C'est une révolution scientifique dans le monde du savoir de la préhistoire.

En 1840, Édouard Lartet se marie avec Léonie Barrère. De cette union naît un fils, Louis, qui suivra les traces de son père. Entretemps, sur place, dans le Gers, les fouilles se poursuivent et l'Etat rachète le site en 1848. En 1852, Édouard Lartet et sa famille quittent le Gers pour s'installer à Toulouse afin de parfaire l'éducation de leur fils. En 1861, Lartet fouille la grotte de Massat, en Ariège, où il découvre des silex taillés de main d'homme et des os de rennes. Il s'intéresse à la grotte d'Aurignac dans la Haute-Garonne et démontre la contemporanéité de l'homme avec ces espèces animales disparues. En 1861, Lartet propose une chronologie du quaternaire fondée sur la domination successive des grands mammifères.

Dix ans après sa première découverte, il identifie un autre primate fossile, le dryopithèque, découvert dans une carrière près de Saint-Gaudens. Les caractères dentaires témoignent d'une évolution anthropomorphique.

Discussions scientifiques au Muséum d'histoire naturelle

Il pose ainsi les bases de la préhistoire moderne.

En 1863, accompagné de son ami l'industriel anglais Henry Christy, Lartet explore de nombreux sites en Dordogne. À la Madeleine, il découvre la gravure d'un mammouth sur une défense, témoignage non seulement d'un art préhistorique mais preuve irréfutable de la coexistence de l'homme et du pachyderme. Il peut ainsi distinguer les cultures magdaléniennes et solutréennes, étape décisive dans la connaissance de la chronologie préhistorique. Sa renommée est au plus haut. On fait appel à lui pour valider de nombreuses hypothèses. Célèbre, reconnu comme un éminent scientifique, officier de la Légion d'honneur, membre de nombreuses sociétés savantes, Édouard Lartet préside en 1867 le congrès international d'archéologie et d'anthropologie préhistorique. Il participe à l'exposition universelle de Paris et en 1869, on propose à l'avocat gersois un poste de professeur de paléontologie au muséum d'histoire naturelle de Paris, reconnaissance officielle de la communauté scientifique.

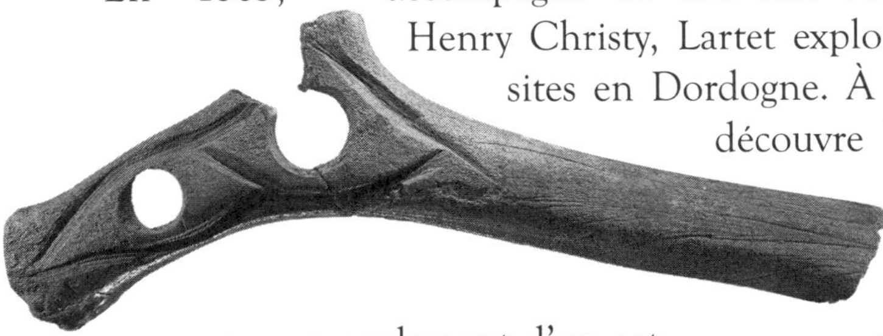

Hélas, affaibli par la maladie, le vieil homme retourne dans son Gers natal et ne peut prononcer sa leçon inaugurale. S'il quitte le monde le jour où les Prussiens entrent dans Paris, il a la joie de voir son fils, lui aussi préhistorien de renom, être l'inventeur de l'homme de Cro-Magnon, grâce à ses fouilles en Dordogne.

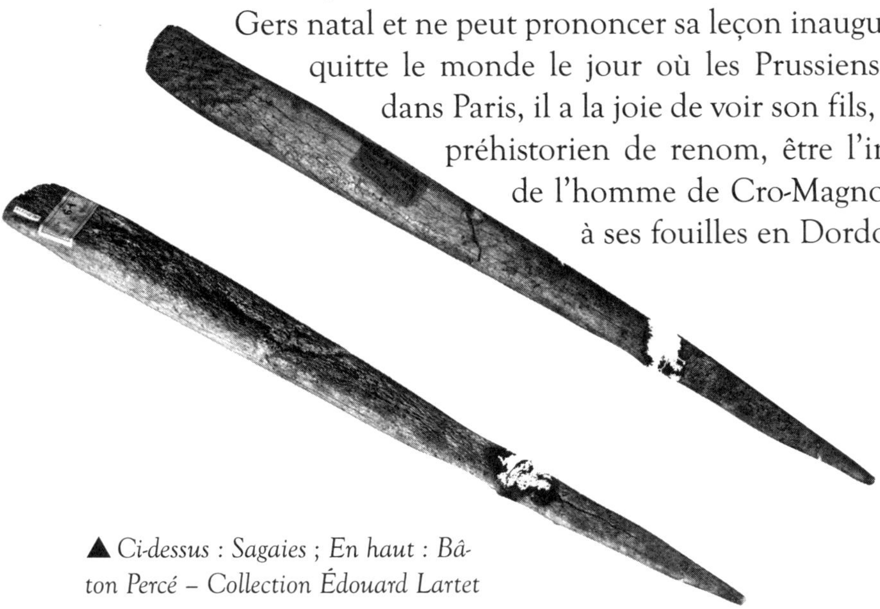

▲ *Ci-dessus : Sagaies ; En haut : Bâton Percé – Collection Édouard Lartet*

Édouard Laval
L'honneur d'un communiste

Le département du Lot fut en Occitanie une terre de résistance et le nom d'Édouard Laval figure au firmament de ceux qui surent dire non parce qu'ils avaient une autre vision de la France, une France juste, libre, fraternelle et généreuse, aux antipodes de celle que le gouvernement de Vichy voulait imposer.

Édouard Laval est né le 11 août 1894 à Lacave, un petit bourg de 600 âmes au pied du causse de Gramat, dans le département du Lot, juste au confluent de deux rivières, la Dordogne et l'Ouysse. Issu d'une famille plus que modeste, le jeune Édouard apprend le métier de forgeron et devient mécanicien ajusteur. Comme des centaines de milliers d'autres de sa génération, il est mobilisé le 5 septembre 1914 puis affecté le 2 juin 1915 au 176e régiment d'infanterie. Édouard Laval fait partie de ceux que l'on envoie se battre dans l'Armée d'Orient, une unité commandée par le général Sarrail, un autre occitan oublié de l'Histoire aujourd'hui, un républicain dévoué, très engagé au sein des réseaux francs-maçons, en remplacement du général Gouraud, gravement blessé. Le 20 septembre 1916, son régiment fait face à l'armée bulgare, en Macédoine. C'est là qu'Édouard Laval perd l'œil droit mais, bien que grièvement blessé, il continue courageusement le combat, ce qui lui vaut la Croix de Guerre 14-18 avec palmes et la Médaille Militaire.

À l'armistice de 1918, Édouard Laval est ainsi une gueule cassée comme la Première Guerre mondiale en a fait des milliers. Pensionné comme mutilé de guerre, il reprend son métier d'ouvrier le conflit terminé, et en 1929, il crée un garage automobile dans le petit hameau du pigeon, sur la commune de Saint-Sozy. Comme beaucoup d'hommes de gauche dans l'entre-deux-guerres, il déplore la montée du fascisme. Face à l'installation du nazisme en Allemagne, ses convictions le poussent à adhérer au parti communiste français en 1936. L'interdiction du PCF en 1939, suite au pacte germano-soviétique, l'amène à la clandestinité de son action politique. Édouard Laval, dès le mois de juin 40, est très actif. Il rédige des tracts, les dactylographie, les imprime, les distribue avec sa propre voiture, aidé par son fils, Guy.

Secrétaire régional du PCF dès 1940, Édouard Laval entre très tôt en résistance, à l'heure où son homonyme entre, lui, en collaboration. Il est aidé par ses camarades, entre autres Léon Feix, Léon Lagarde et François Leyge. Il regroupe les militants que les purges staliniennes ont épargnés. Il tente de reconstituer son parti et d'organiser les premières actions de résistance, distribuant de nuit des papillons communistes dans les rues. Malgré les arrestations qui commencent à pleuvoir, Laval continue la lutte. Sa ronéo tourne à plein. Il s'occupe aussi notamment des approvisionnements en tabac pour les grands blessés de guerre et bénéficie de ce fait de la relative indulgence de la police qui ferme les yeux sur son action envers les mutilés. Pourtant, grand est le danger qu'il affronte au

▲ *Le village de Lacave (Lot) où est né Édouard Laval*

quotidien. Des perquisitions, qui font suite à des dénonciations, lui valent d'être jugé une première fois à Cahors mais il bénéficie d'un non-lieu, fruit de la mansuétude des juges.

Une telle activité de résistance ne pouvait que lui valoir des ennuis plus graves. Édouard Laval, pourtant père de quatre enfants, est arrêté le 8 mai 1943 et traduit devant le tribunal d'Agen. Il écope le 15 juillet de cette même année d'une peine d'un an de prison et de 1200 francs d'amende. Il est incarcéré à la centrale d'Eysses puis à Saint-Sulpice-la-Pointe (Tarn) puis à Albi, d'où il est libéré par les maquis le 13 juin 1944. Le détenu Laval y fait preuve d'une attitude exemplaire. Édouard n'est pas de ceux qui baissent les bras. Profondément humain, il remonte le moral aux plus jeunes, s'identifiant à un patriote dont il faut suivre l'exemple. Laval rentre chez lui et reprend le combat avec la participation de toute sa famille.

Tout naturellement, les fonctions clé qu'il occupe dans la résistance, où il préside dès 1943 le Comité Départemental de Libération, lui font jouer un rôle majeur dans la libération de Cahors, le 18 août 1944. C'est lui qui notamment met en place Robert Dumas comme préfet civil et qui, toujours soucieux de justice et d'égalité, écrit aux maires du département du Lot pour éviter toute spéculation sur les denrées alimentaires de première nécessité. À ce poste, son œuvre se révèle immense. Il cherche à remettre en marche l'économie locale éprouvée par les réquisitions, par les pillages et l'état d'esprit de l'administration vichyste. La victoire le rend à la vie politique. Le 30 septembre 1945, Laval est élu conseiller général de Souillac, une fonction qu'il occupe jusqu'en 1949. Aux élections législatives d'octobre 1945 pour désigner une assemblée constituante, il est numéro 2 sur la liste communiste conduite par Henri Thamier. Celle-ci arrive en tête mais, avec 5 voix d'avance, elle ne recueille qu'un seul siège. Henri Thamier est élu comme député du Lot. Édouard Laval ne montera pas à Paris.

Son rôle politique s'affaiblit. S'il préside le 18 juin 1946 la délégation spéciale chargée d'administrer la commune de Mayrac, s'il fait le 18 août 1948 une prise de parole très remarquée à l'occasion des cérémonies de la libération de Cahors, il n'a plus de mandat

politique et sa figure éminente du Lot communiste et résistant va être vite oubliée. Retiré à Mayrac, c'est là qu'il meurt le 13 février 1963. Comme l'écrit André Wurmser dans *l'Humanité* quelques jours plus tard : « Il est mort ouvrier, sans fortune, sans autre honneur que son honneur de communiste mais quoi, il meurt plus d'un Laval chaque année... »

Édouard Laval, héroïque combattant de la Grande Guerre, résistant de la première heure qui n'aura pas attendu, pour mener la lutte, l'attaque allemande de juin 1941 contre l'URSS, n'a pas eu sans doute le destin politique auquel ce militant communiste aurait pu prétendre. Oublié des dictionnaires, peut-être avait-il trop de qualités humaines pour pouvoir prétendre à autre chose qu'à un strapontin au spectacle du monde.

▲ *Affiche de propagande communiste des années 50*

Élisa Lemonnier

Pionnière de l'enseignement professionnel féminin

Longtemps l'éducation des femmes fut considérée comme chose mineure. La place de cette délicieuse créature n'était-elle pas à la cuisine, à la maison, et à se dévouer dans l'ombre de son mari à l'éducation de sa progéniture ? Il en était ainsi dans bien des familles du XIXe siècle et il venait à peu d'esprits que la femme put exercer un métier, une profession, un emploi, qui lui vaille reconnaissance sociale.

Bien avant l'action de Camille See et la loi qui permit aux jeunes filles de suivre des études, il est une pionnière qui ouvrit la voie vingt ans plus tôt. Élisa Lemonnier, née Élisa Grimailh de son nom de jeune fille, voit le jour à Sorèze, dans le Tarn, le 25 mars 1805, dans une famille honorable, anciennement établie en Occitanie. Son grand-oncle maternel, Maurice de Barrau, ne commandait-il pas à Valmy la première ligne d'infanterie qui contribua largement au succès de la bataille ? Élisa est la troisième des cinq enfants de Jean et Étiennette-Rosalie. Orpheline à 12 ans d'un père qui cherchait à développer l'esprit de ses enfants, c'est par sa grand-mère que la jeune Élisa est élevée. Mais quelle grand-mère ! Madame Aldebert est non seulement une femme belle, intelligente mais elle est dotée d'un caractère énergique. Les quatre ou cinq années que la jeune Élisa passe à son contact vont avoir une grande influence sur sa personnalité. Avec elle, Élisa apprend l'histoire, la géographie, la lecture, et les bonnes manières. La jeune fille, au sortir de l'adolescence, se fait remarquer par la vivacité de son intelligence,

une inépuisable bonté du cœur et une grande beauté.

Dans les salons de monsieur Ferlus, le directeur de l'école de Sorèze où ses deux frères sont scolarisés, Élisa rencontre Charles Lemonnier, un jeune professeur de philosophie. Elle l'épouse le 22 avril 1831. Charles travaille comme professeur au collège et le couple vit modestement tout en militant activement pour le saint-simonisme. À la fin de la décennie 1830, les époux partent s'installer à Bordeaux où Charles devient avocat. Élisa, pendant dix ans, doit se consacrer à sa tâche de mère de famille. En 1844, le couple accueille Flora Tristan qui, épuisée par sa propagande en faveur des ouvriers, vient finir ses jours à leur domicile. La solidarité saint-simonienne permet à Charles de rentrer comme directeur du contentieux à la Compagnie de Chemins de fer du Nord. Le jeune couple déménage alors à Paris où il fréquente les milieux républicains et libéraux. Grand est leur enthousiasme lors des journées révolutionnaires de 1848. Madame Lemonnier s'émeut des misères qu'elle côtoie au quotidien, notamment du dénuement des femmes réduites à la pauvreté. Avec quelques amies féministes, elle décide de créer un atelier de couture qui fait vivre 200 mères de famille pendant quelques semaines. En juin 1848, Élisa Lemonnier publie les statuts de l'Union fraternelle des travailleuses, convaincue que les femmes doivent prendre en main leur propre destin.

Elle répète inlassablement à ses consœurs : « N'attendez pas que

▲ *Élisa Lemonnier*

les hommes agissent pour vous. Agissez de vous-même et quand ils vous verront à l'œuvre, ils commenceront à vous prendre au sérieux ». L'inhabileté des ouvrières de l'ouvroir qu'elle dirige pendant deux mois, où de nombreuses mères de famille ont trouvé un emploi, lui fait comprendre qu'il y a urgence de créer un enseignement professionnel pour les femmes. Installée rue du Faubourg Poissonnière, elle transforme son ouvroir en atelier national de fournitures pour les hôpitaux et les prisons. Là, de nombreuses femmes apprennent à confectionner des couvertures, des blouses, moyennant un salaire. Le succès est rapide et dès lors, cette idée ne la quitte plus.

En 1856, avec dix-huit amies, Élisa Lemonnier va créer une société de protection maternelle qu'elle transforme en mai 1862 en société pour l'enseignement professionnel des femmes. De nombreuses personnalités l'encouragent dans son ambition d'éducatrice. Plusieurs loges maçonniques l'appuient. Alexandre Dumas père, la famille Rothschild, la grande peintre animalière Rosa Bonheur, la soutiennent tout comme la Compagnie des omnibus des frères Pereire. Épaulée financièrement et politiquement, elle ouvre sa première école professionnelle le 1er octobre 1862. Julie Toussaint, une militante féministe originaire de Castelnaudary, sera la collaboratrice infatigable et dévouée de l'association jusqu'à ce que cette école passe sous le contrôle du conseil municipal de Paris. Le succès est rapide et bientôt une seconde école ouvre au 72 de la rue Rochechouart. Le cours d'Élisa Lemonnier est un externat bon marché, laïque, qui accueille les élèves de 8 h à 18 h où les jeunes filles reçoivent un enseignement général, un enseignement professionnel commun, « les tâches ménagères », et un enseignement spécialisé, orienté vers six métiers : la couture, la lingerie, le dessin sur étoffe, la gravure, la peinture sur porcelaine, et le commerce. À la sortie après examen, les anciennes élèves sont placées par le cours Lemonnier qui reçoit plus d'offres d'emplois qu'il n'a de candidates. Le nouvel enseignement correspond parfaitement aux nécessités de l'ordre social de l'époque mais, épuisée par les fatigues de cette double fondation, madame Lemonnier succombe le 5 juin

1865, à l'âge de 60 ans.

L'œuvre d'Élisa Lemonnier ne disparaîtra pas, suivie comme exemple en Suisse, en Belgique, en Italie. En 1890, elles sont au nombre de huit écoles Lemonnier à scolariser les jeunes filles de la capitale sur une durée de trois ans. Des frais de scolarité calculés en fonction des ressources familiales, un système de bourses, permettent la scolarisation des plus modestes. Bien que de confession protestante, Élisa Lemonnier, très attachée au respect et à la tolérance de toutes les confessions, considère que c'est dans les familles que doit s'enseigner la foi. L'enseignement dispensé dans ces écoles est donc laïque, préfigurant le combat des républicains.

Pionnière dans l'enseignement professionnel féminin, l'œuvre d'Élisa Lemonnier sera poursuivie avec succès. Ses écoles obtiennent une médaille d'or à l'exposition universelle de 1878, un grand prix à celle de 1889. La municipalité de Paris, qui ouvre en 1882 ses premières écoles professionnelles, choisit d'adopter l'emploi du temps et les programmes des écoles Lemonnier, modèles du genre. Élisa Lemonnier, figure de proue de l'émancipation des femmes par le travail, a été reconnue par la postérité qui lui rendit

▲ *Un atelier-pilote de confection, dans les années 1860*

hommage en donnant son nom à une rue dans le XIIe arrondissement de Paris en 1884, par une autre à Sorèze, dans sa ville natale. Néanmoins, si aujourd'hui un lycée polyvalent parisien, spécialisé dans la mode et la coiffure, porte également son nom, beaucoup ont oublié ce qu'on doit à cette visionnaire native d'Occitanie.

Marguerite Long

Ses doigts avaient des ailes

Depuis plus de cinquante ans, il est un des concours de piano les plus célèbres et richement dotés du monde. La Russe Maria Masycheva, le Japonais Seiji Kageyama, le Français Guillaume Vincent, la Cubaine Cecilio Tieles-Ferrer, l'Américain Alan James Ball..., tous ces virtuoses ont tenté de le gagner. Son nom ? Le « Marguerite Long ». Mais qui était cette pianiste qui transporta avec bonheur des milliers de mélomanes ?

Marguerite Long naît à Nîmes le 13 novembre 1874 au n°14 de la Grand-Rue. Elle est baptisée neuf jours plus tard, le jour de la Sainte-Cécile, patronne des musiciennes. Devant la persistance de ses cris, le prêtre qui l'ondoie à la cathédrale de Nîmes plaisante : « Cette petite sera musicienne ! ». Enfant, Marguerite écoute sagement sa sœur Claire, de huit ans son aînée, jouer du piano. Juchée sur un tabouret, elle tourne les pages des partitions, apprend à déchiffrer la musique aussi facilement qu'à lire et écrire. Et quand sa grande sœur est nommée très jeune professeur au Conservatoire de Nîmes, tout naturellement, Marguerite entre dans sa classe.

En fin d'année, lors des remises de prix au Conservatoire de Nîmes, la petite joue des concertos sous les regards ébahis des parents. Dans la salle, Théodore Dubois, futur directeur du Conservatoire de Paris, l'écoute. Subjugué par ses performances, il va voir sa famille pour la convaincre d'envoyer leur fille se perfectionner à Paris. La décision est difficile à prendre, Marguerite est si jeune...

Finalement, en automne 1887, la petite Nîmoise entre comme pensionnaire au couvent du Saint-Sacrement, rue de Naples à Paris. Tous les jours, Marguerite, élève modèle mais un peu encline au bavardage, travaille ses gammes, étudie les différents genres musicaux, les grands répertoires classiques, les œuvres des compositeurs célèbres... Trois ans plus tard, en 1891, elle obtient haut la main le Premier Prix du Conservatoire. Marguerite Long a seize ans et demi. Elle est brillante, mais sans fortune, ni relation à Paris. Que faire ? L'adolescente s'interroge.

Elle décide de rester dans la capitale. Une ancienne professeure du Conservatoire, Mme Chéné, l'embauche alors comme répétitrice de cours de piano dans un institut privé. Au contact de la bonne bourgeoisie parisienne qui fréquente l'institut, Marguerite découvre un milieu qui la fascine. L'été, elle revient de longues semaines dans le Midi. Sa sœur Claire s'est en effet mariée avec un commandant du nom de Marquié, propriétaire d'un château dans le Lauragais. Une après-midi de juillet 1903, elle fait la rencontre d'un bel officier en pantalon garance, Joseph de Marliave, qui est en garnison à Castelnaudary et se passionne pour la musique. C'est le coup de foudre. Ils se marient en 1904 et Marguerite prend

La jeune Marguerite Long ▲

officiellement le titre de marquise de Marliave. Et la guerre arrive... Son mari est tué quinze jours après le début des hostilités, dans la Meuse. Marguerite est anéantie.

Marguerite ne refera pas sa vie. Désormais, son seul amour sera le piano !

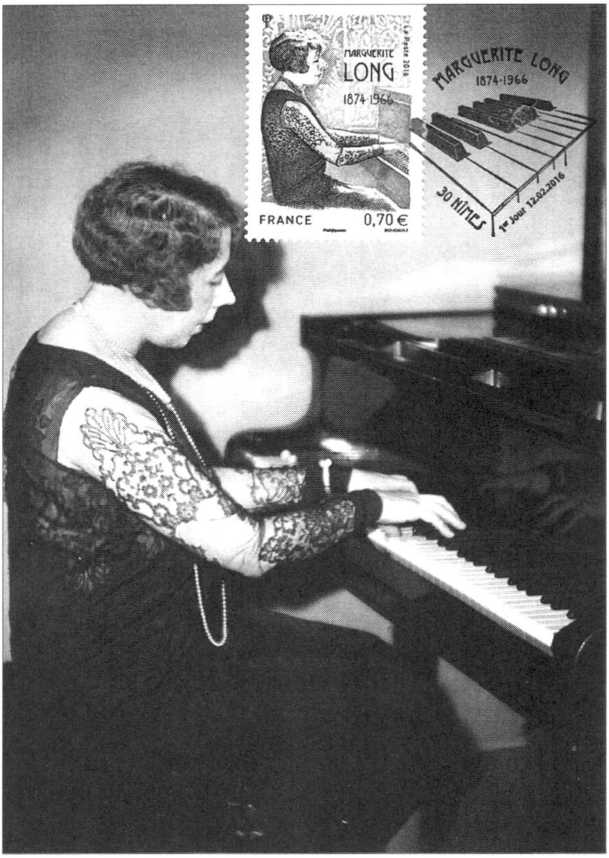

Après la mort de son conjoint, elle refuse de paraître en public pendant trois ans. Endeuillée, elle consent néanmoins à donner un récital en mai 1917 au bénéfice des prisonniers de guerre. Une fois le conflit terminé, elle se décide même à partir comme « ambassadrice de l'art du piano » à Wiesbaden, en Allemagne, en septembre 1921, en guise de réconciliation des deux pays.

À l'image de cette initiative suivront quarante ans d'une franche générosité offerte à son public. La soliste enchaînera des centaines de représentations à travers le monde. On la voit au Brésil, en Hollande, aux États-Unis, en Italie... En Belgique, elle remporte « un triomphe qui confine au délire ». Marguerite est très proche des grands noms de la musique. Maurice Ravel, qui la tient en haute estime, lui dédie son « Concerto en sol ». Claude Debussy encouragera particulièrement la jeune pianiste à vaincre son chagrin après son veuvage... Marguerite est appréciée pour ses qualités d'interprétation. Par sa personnalité et son talent, Marguerite Long est considérée

▲ *Marguerite Long répétant ses gammes*

comme l'ambassadrice du bon goût et de la bienséance française. Toujours vêtue de tenues remarquables, c'est une figure glamour avant l'heure, une diva du piano.

En parallèle de sa carrière d'artiste, à trente-deux ans, elle est nommée professeur au Conservatoire de Paris et la « classe Long » est l'une des plus prestigieuses du Conservatoire. Aux yeux du monde entier, elle incarne l'École de piano « à la française », qui privilégie la clarté, le son fin et raffiné dont se réclameront la plupart de ses nombreux élèves devenus célèbres, au premier rang desquels Samson François. Son histoire d'amour avec le Conservatoire prend fin au début de la Seconde Guerre mondiale, lorsque les Allemands entrent dans Paris. Marguerite donne sa démission car elle ne veut pas être compromise par la moindre relation avec l'occupant.

Dans les mois qui suivent, elle a l'idée de créer un concours prestigieux qui permettrait de révéler de jeunes interprètes. La musique et le soutien aux talents en devenir contre la barbarie de la guerre. Elle fait appel à un autre musicien de renom, le plus grand violoniste français, Jacques Thibaud, pour la suivre dans cette belle aventure. Le concours voit le jour dès 1943. Prenant très à cœur ce projet, Marguerite Long fait don de toute sa fortune pour le lancer.

Dès 1945, le concours ouvre ses portes aux concertistes du monde entier et acquiert une renommée internationale. Mais en 1953, un évènement tragique menace cette prestigieuse épreuve. Le 1er septembre de cette année-là, alors que Jacques Thibaud se rend au Japon pour une grande tournée, son avion s'écrase dans les Alpes françaises. Il n'y a aucun survivant, son Stradivarius de 1709 disparaît même dans l'accident. Le concours est cruellement endeuillé, Marguerite Long est bouleversée. Pourtant, la manifestation continue malgré tout, soutenue officiellement quatre ans plus tard par l'État français.

La prestigieuse pianiste a connu bien des honneurs. Dès 1938, elle reçoit des mains du ministre la Croix de commandeur de la Légion d'honneur. C'est la toute première fois qu'une cravate est attachée au cou d'une femme pour honorer une grande interprète

musicienne. La généreuse méridionale enregistrera aussi de nombreux microsillons, recevant dès 1930 le Grand Prix du Disque avec un concerto de Chopin. Enfin, elle aura publié de nombreux ouvrages dont une méthode d'apprentissage qui sera traduite dans de multiples langues.

La Nîmoise restera active fort tard. À quatre-vingt-dix ans, en novembre 1964, une grande manifestation hommage lui est rendue à la salle Berlioz du Conservatoire de Paris. Pendant ses journées, seule dans sa maison de l'avenue de la Grande-Armée, la vieille dame parcourt les nombreux livres de sa bibliothèque ; la lecture est son autre grande passion. Elle joue doucement sur son piano noir, où repose depuis toujours le moulage fidèle de la main de Chopin.

Marguerite Long disparaît le dimanche 13 février 1966. Elle est enterrée à Nîmes, au cimetière de Sainte-Baudile, au son de la musique de Maurice Ravel.

La « déracinée » – comme elle se surnommait souvent – vient enfin de retrouver la terre qu'elle avait tant aimée.

▲ *Marguerite Long a écrit plusieurs livres sur la pratique du piano*

Jeannette Mac Donald

La dompteuse de fauves

Le ciel est gris sur Toulouse en ce mois de mars 1999. Une fois de plus, le célèbre cirque Pinder a dressé son immense chapiteau sur le parking de ce qui sera le futur Zénith. Bientôt, le spectacle va commencer. Les Edelstein, propriétaires du barnum, accueillent une vieille dame qui fit la gloire du cirque français, l'ancienne grande dompteuse des années 50-60, Jeannette Mac Donald qui, au temps de sa gloire, partagea la sciure de la Piste aux étoiles avec le grand clown Achille Zavatta ! Pour Jeannette, accompagnée de son vieil ami Joël Fauré qui lui consacrera quelques années plus tard un livre hommage, c'est un ultime bonheur à la veille de ses 81 printemps. C'est la dernière rencontre avec ses amis de la Piste aux étoiles. N'a-t-elle pas aimé depuis sa tendre enfance les animaux et les fauves d'un amour inconditionnel qui lui ont tout fait sacrifier.

Jeannette Mac Donald est une enfant de la balle. Née le 3 mai 1918 à Montrouge, elle a fait toute sa carrière comme dompteuse à l'image de son propre père, Louis Marie. Un personnage que celui-là. Une carrure de bûcheron, de longues bacchantes, ce tonitruant dompteur en impressionne plus d'un sur les champs de foire de la région parisienne. Et malheur à celui qui mettrait en cause l'authenticité de son patronyme écossais, un pseudo qui va comme un gant à sa stature de géant ! Pourtant, le bonhomme est écrasé de chagrin. Il vient de perdre son épouse Ernestine et doit élever seul sa fille. Un sacré caractère, cette gamine. Coquine en diable, elle fait les quatre cents coups avec sa copine, une certaine Édith Giovanna

Gassion ; la future Édith Piaf ! Elle nargue les garçons, donne un coup de main à la femme barbe à papa ou à la cartomancienne mais apprend aussi les rudiments du métier avec son père. Cette belle blonde a du charme et Sheriff Amar, le grand dresseur qui a quitté le cirque familial, n'y est pas insensible. Il la prend sous son aile et l'aide à mettre au point un numéro avec neuf lionnes et un lion qui va la propulser au rang des grandes vedettes. Née Jeanne Corfdir, la voici seule dans la cage aux fauves à 14 ans !

Mais Jeanne travaille bien différemment de son père. Alors que le paternel houspille les bêtes, elle préfère la douceur, cherche à faire corps avec ses fauves. Spécialiste des lions, elle maîtrise aussi le domptage des loups, des hyènes, et subjugue le public par l'élégance dont elle ne se départit jamais avec sa culotte de cheval, son chemisier de soie à jabot, ses bottes vernies et ses gants blancs. L'artiste sait que son métier n'est pas sans risque, que le drame peut arriver à n'importe quel moment. C'est d'ailleurs ce qui se produit en 1955, au Palais des sports de Marseille, à la dernière représentation du festival. Alors que la dompteuse porte sur ses épaules Lola, sa lionne de 80 kilos, la bête lui plante ses crocs dans la main sous les yeux du public. La dresseuse est une vraie professionnelle. Elle ne panique pas, elle se dégage et elle réussit à terminer son numéro sous le regard d'une foule enthousiaste. Les jours suivants, la presse s'empare de son héroïsme. L'hebdomadaire à sensation *Radar* publie en pleine page une photo où la dompteuse, le poignet droit encore bandé, embrasse le museau de la lionne. « Sans rancune ! » titre l'article.

L'année suivante, c'est la consécration. Jeannette Mac Donald rejoint le cirque d'hiver Bouglione. Elle est aux

côtés des plus grands du métier. En 1958, Sheriff Amar, devenu son compagnon et son impresario, convainc son frère de la programmer dans les grands spectacles circassiens qu'il produit. En 1962, Jeannette prend ainsi la direction du cirque royal et pendant cinq ans, entreprend de longues tournées. Hélas, le 19 juin 1967, à Alger, un incendie causé par des pétards d'enfants met fin à l'entreprise. Bloquée à Tanger avec ses animaux, ruinée, elle a bien du mal à payer sa traversée de retour en France. Malgré la générosité des enfants des écoles et la solidarité des amis de la Piste aux étoiles, elle ne peut faire repartir les tournées de son cirque, concurrencé par l'attraction de la télévision qui pénètre dans le foyer des Français. Elle survit péniblement en faisant les tournées des cafés avec son macaque, gloire et déchéance d'une artiste que le public adulait.

En 1973, le directeur du zoo de Buzet-sur-Tarn, à 28 kilomètres de Toulouse, lui propose de s'occuper de son parc animalier. Elle y déménage avec ses derniers animaux et implante sa ménagerie,

La ménagerie Mac Donald à la foire du Trône (1961) ▲

5 lions, quelques singes, 35 chiens, en bordure de la forêt de Buzet. Dévouée corps et âme à ses bêtes, pétrie d'amour pour elles, elle y vit dans des conditions difficiles, quasi misérables. Nourrir sa ménagerie relève de la gageure. Elle accepte des carcasses d'animaux que les gens lui portent pour alimenter au quotidien ce zoo de fortune. Un reportage télévisé en 1987 lui donne le coup de grâce. Sans être venue sur place, Brigitte Bardot lui intente un procès pour mauvais traitements envers ses animaux. Le zoo est considéré comme un mouroir et Jeannette Mac Donald accusée à tort de donner les cadavres de ses chiens à manger à ses lions. Attaque ubuesque qui a pour conséquence la création d'un comité de soutien. Ses amis, avec son avocat Maître Collard, réussissent à convaincre les autorités de ne pas fermer le site. Le cirque Pinder lui donne 5 000 francs de secours mais Jeannette est désemparée. Après l'incendie de sa caravane où elle a toujours vécu, l'ancienne gloire du cirque, à bout de forces, se voit contrainte de partir en maison de retraite à Grenade-sur-Garonne, loin de la vie de saltimbanque qu'elle a toujours menée.

C'est là, le 1er mai 1999, que l'artiste qui ne doit pas être confondue avec sa contemporaine et presque homonyme la chanteuse américaine Jeanette Mac Donald s'éteint, avec un petit lion en peluche sur le cœur.

▲ *Jeannette Mac Donald en pleine gloire*

Anthelme Mangin

Le soldat inconnu… vivant !

11 novembre 1920. Dans la fraîcheur de l'automne, le drapeau claque au vent et les soldats au garde-à-vous attendent la plainte lancinante de la sonnerie aux morts. À Paris, sous l'arc de triomphe, on installe aujourd'hui la tombe du soldat inconnu en mémoire des poilus qui sont tombés dans la boucherie de la Grande Guerre. Pourtant, l'anonyme désigné par Auguste Thin, soldat de 2e classe du 132e RI, parmi huit cercueils non identifiés de la bataille de Verdun, est-il le premier soldat inconnu que la France puisse ainsi appeler ?

Retour au premier février 1918, alors qu'un petit vent glacial balaye les quais de la gare de Lyon-Brotteaux. Dans la fumée des locomotives à vapeur qui manœuvrent au milieu du bruit assourdissant des tampons qui s'entrechoquent et des freins Westinghouse qui sifflent l'air comprimé, les trains déversent leurs flots de passagers. Les bagages à la main, la foule disparate ne s'attarde guère et se précipite vers le buffet de la gare ou cherche la sortie dans la salle des pas perdus. Un convoi de prisonniers arrivant d'Allemagne stoppe. Un pauvre troupeau humain en descend. Mon Dieu… Ah, ceux-là ne sont pas près de reprendre leur place dans la tranchée ! Il n'y a là que des éclopés, des amputés, des aveugles, des malades mentaux, des victimes de l'obusite que l'on qualifie de commotionnés, tous traumatisés à tout jamais par les séquelles d'une effroyable boucherie.

Parmi les soldats qui débarquent, il y a soixante-cinq cas qualifiés de déments. L'un d'eux erre, hébété sur le quai. Vêtu d'une vieille pelisse, tantôt il reste prostré, tantôt il « verbigérise », articulant une salade de mots incohérents. Il est amnésique, sans documents militaires ou civils, il n'a plus de papiers permettant de l'identifier formellement et son uniforme est dépourvu de ses insignes régimentaires. Diagnostiqué dément, il est interné à l'asile à Bron.

Il balbutie un nom que l'on croit reconnaître comme Anthelme Mangin, rue Sélastras, à Vichy. C'est sous cette identité qu'il est interné le 22 mars 1918 à l'asile d'aliénés de Clermont-Ferrand bien qu'il n'existe officiellement aucun soldat de ce nom. Le directeur de l'asile, pour résoudre le mystère de son identité, décide alors de publier sa photographie dans *Le Petit Parisien* du 10 janvier 1920. Quelqu'un le reconnaîtra bien parmi les 300 000 soldats qui sont portés disparus, pense-t-il.

Le Petit Parisien est un journal très lu et les réponses affluent. Parmi celles-ci, madame et mademoiselle Mazenc, de Rodez, sont catégoriques. Elles identifient formellement « Mangin » comme étant leur fils et leur frère, Albert, disparu en octobre 1915, à Tahure, dans la Marne. Le supposé Anthelme Mangin est alors transféré à Rodez mais personne ne le reconnaît. Le préfet de l'Aveyron, après avoir

▲ *La gare Brotteaux de Lyon où débarqua Anthelme Mangin (1920)*

recueilli les témoignages de ses amis et de ses employeurs, conclue à une erreur d'identification. La consultation des fiches anthropométriques de l'armée ne laisse pas de doutes à ce sujet. Entre Albert Mazenc et Anthelme Mangin, il y a près de dix centimètres de différence de taille. Ce n'est pas le même homme. Ainsi commence le feuilleton de celui qu'on va nommer le soldat inconnu vivant.

En 1922, le ministère des pensions fait publier sa photo dans l'espoir de l'identifier. Toutes les mairies de France affichent le cliché de celui qu'on appelle aussi l'inconnu de Rodez. L'affiche précise sa taille, 1 m 64, des cheveux roux foncés et une trentaine d'années. Près de 300 familles croient alors reconnaître un fils, un frère ou un mari, réaction bien naturelle de ceux qui cherchent toujours l'être aimé et pour qui le deuil est impossible. Mangin est ainsi devenu le fils de toutes les mères qui n'ont pas retrouvé leur enfant. Qu'importe qu'il ne ressemble guère à l'homme qu'elles avaient connu. Leur douleur est telle que la ressemblance ne compte pas. Certaines femmes iront ainsi jusqu'à accuser les médecins d'avoir fait disparaître les cicatrices permettant d'identifier l'inconnu. Mangin reste indifférent à toutes ces démarches. Prostré dans le silence, le regard

Le prétendu « Anthelme Mangin »

vide, il ne profère que des mots incompréhensibles. L'homme est une « épave de la guerre » comme les journaux le surnomment.

Après des années de recherches, et suite à l'enquête très appro-

fondie du professeur en psychiatrie de l'asile de Rodez, il ne reste au début des années 30 que deux familles qui peuvent prétendre à une parenté. Madame Lucie Lemay affirme qu'Anthelme Mangin est Émile, son mari. La famille Monjoin, de Saint-Maur, dans l'Indre, revendique aussi un lien familial. Il serait le fils de Pierre Monjoin et de Joséphine Virly. Des preuves, les autorités vont les chercher : Anthelme, qu'on a amené et laissé seul à la gare de Saint-Maur en 1934, n'a-t-il pas retrouvé le chemin de la maison de son père ? N'a-t-il pas vu les changements à l'église dont le clocher a été abattu par la foudre en son absence ? Face à ces évidences qui tendent à devenir des preuves, le tribunal de Rodez donne raison à cette famille et lui rend ainsi son identité. Mais les Lemay font appel et saisissent la cour d'appel de Montpellier qui confirme le jugement du tribunal de Rodez le 8 mars 1939. Les Lemay ne s'avouent pas battus et saisissent alors la cour de cassation. Une telle réaction ne peut se comprendre que si l'on met en perspective le traumatisme causé par la disparition de l'être cher. Ils sont près de 250 000 dont on n'a pas retrouvé le corps.

▲ *L'église de Saint-Maur*

Les procédures s'éternisent. Le retour en famille d'Anthelme Mangin, sous l'identité d'Octave Monjoin est de courte durée. Son supposé frère meurt d'une ruade le 23 mars 39 et le père de vieillesse, le 1er avril. Replacé à l'asile à l'hôpital Sainte-Anne, à Paris, Anthelme Mangin meurt le 19 septembre 1942 d'inanition. Tragique destin que celui de ces malades mentaux morts de faim dans les asiles sous l'occupation. Jeté à la fosse commune, en 1948, un ancien combattant fortuné de la Grande Guerre fait exhumer sa dépouille. Il aura désormais une sépulture décente au cimetière de Saint-Maur, en Indre, sous le nom d'Octave Monjoin, soldat à la 5e compagnie du 95e régiment d'infanterie. La tombe existe toujours aujourd'hui mais « l'homme qui n'avait plus de mémoire » a désormais plongé définitivement dans l'oubli.

André Marty
Le mutin de la mer Noire

Il est des hommes à qui la vie réserve un destin exceptionnel. André Marty, né à Perpignan le 6 novembre 1886, est de ceux-là. Ce Catalan bon teint prend racine dans le terreau populaire d'une famille de la gauche radicale et révolutionnaire. Son père, Isidore Bonaventure, fils d'une famille nombreuse de montagnards conducteurs de mulets tout autant que contrebandiers, époux d'une blanchisseuse dont il a trois enfants, n'a-t-il pas participé à la Commune de Narbonne le 24 mars 1871, action qui lui vaut d'être condamné à mort par contumace et de ne trouver le salut que dans une fuite en Espagne en portant la soutane d'un prêtre ?

André Marty, le mutin de la mer Noire, en 1921

Bon sang ne saurait mentir ! Le jeune André, tout gamin, s'imbibe des idées du radical rouge paternel qui tient un débit de boissons dont l'arrière-salle accueille des réunions politiques où se croisent anarchistes, révolutionnaires et libertaires. Élève moyen au collège de Perpignan puis excellent au lycée, il décroche un baccalauréat scientifique en 1905. Son père, tout révolutionnaire qu'il est, le pousse à faire des études et lui prêche l'assiduité au travail. André fréquente à partir d'octobre 1905 l'École supérieure professionnelle pour se préparer à devenir mécanicien dans la marine. Admissible aux épreuves de recrutement l'année suivante, une malencontreuse blessure à la main l'empêche de réussir le concours. Très affecté par cet échec, André Marty accomplit alors son apprentissage de chaudronnier sur cuivre chez monsieur Mognier, qui l'introduit à la loge maçonnique de Saint-Jean des Arts, appartenant à l'obédience de la Grande loge de France.

En 1907, André Marty assiste à la révolte des vignerons du Midi. Il participe à la prise d'assaut de la préfecture. Il affirmera plus tard avoir été l'un des premiers à arracher les pavés pour faire une barricade, faisant remonter à cette héroïque révolte sa prise de conscience révolutionnaire. Mais André Marty est toujours sensible à l'appel de la mer. Il rêve de naviguer et à l'aube de partir pour le service militaire, il choisit de s'engager dans la marine comme matelot mécanicien pour une durée de deux ans. Ses missions qui vont le conduire de la Chine aux Balkans, des Balkans au Maroc où, en 1911, il participe comme scaphandrier au renflouement du torpilleur *Takou*, vont le faire rester dix ans dans la Royale. En juin 1914, Marty est reçu 1er au concours des élèves officiers mécaniciens. Il fait toute la guerre sur des unités combattantes et laisse le souvenir d'un officier du peuple qui prend toujours la défense de ses hommes. Ne fumant pas, buvant peu, volontiers solitaire, celui qui, au milieu de ses collègues galonnés, vient déjeuner au carré en bleu de travail, ne passe pas inaperçu. En juillet 17, André Marty est promu ingénieur mécanicien et affecté sur le torpilleur d'escadre *Protêt*. C'est là que Marty va devenir célèbre.

Solidaire des Bolcheviks, le Catalan révolutionnaire participe à un complot pour prendre le contrôle de son bateau et entrer, le drapeau rouge flottant au mât, dans le port d'Odessa. Hélas, le projet de mutinerie échoue. André Marty est arrêté le 16 avril 1919, emprisonné à Galati, en Roumanie, puis à bord du croiseur cuirassé *Waldeck-Rousseau*. Le 5 juillet 1919, Marty est traduit devant un conseil de guerre. Solidaire de tous les soldats et marins révoltés en mer Noire, il est condamné à vingt ans de travaux forcés et à la dégradation militaire malgré la campagne de presse de la Gauche française qui demande pour lui l'amnistie. Incarcéré dans les prisons de la République, il bénéficie du soutien de la CGT et du Parti Communiste mais aussi de celui des socialistes, des francs-maçons, des militants de la Ligue des droits de l'homme qui font campagne

pour qu'on ne l'oublie pas. Il est ainsi élu en son absence à 42 reprises différentes comme conseiller général ! Élections invalidées bien sûr, mais qui le rendent très populaire.

Élu symboliquement au Soviet de Moscou par les ouvriers de l'usine Dynamo, les francs-maçons interviennent pour obtenir sa grâce en 1923. Libéré de la prison de Clairvaux, André Marty fait une entrée triomphale à Perpignan le 18 juillet 1923. Cinq jours plus tard, ils sont plus de 5000, place de Catalogne, à l'acclamer. Le mutin de la mer Noire est entré dans l'Histoire. André Marty

▲ *André Marty (à droite) à sa sortie de la prison de Clairvaux (1923)*

adhère naturellement au Parti Communiste. Il quitte la franc-maçonnerie en 1924 mais dénote déjà dans le mouvement ouvrier par sa tenue débraillée. Arborant casquette, chemise kaki et ceinture de flanelle, il choque par sa violence, ses propres camarades et tous ceux qui ont soutenu le député-bagnard, n'hésitant pas à faire le coup de poing dans les réunions publiques.

Installé en région parisienne, Marty est élu au comité central du Parti Communiste. Il représente les purs et durs, les révolutionnaires intransigeants, ceux qui sont hors des coteries. Son action antimilitariste lui vaut un séjour à la prison de la Santé en 1927 mais l'image du héros de la mer Noire est quelque peu ternie quand on découvre que lors d'une grève de la faim des prisonniers politiques, celui-ci s'alimente discrètement de bananes ! Libéré de sa peine par un vote de la chambre des députés, Marty juge plus prudent de plonger dans la clandestinité, ses démêlés avec la justice n'étant pas terminés. Condamné à nouveau en février 29 à cinq ans de prison, ses relations avec la direction du Parti Communiste ne sont pas les meilleures. Bénéficiant néanmoins de la confiance de l'Internationale communiste, André Marty est envoyé en Espagne à sa sortie de prison. Plus tard, il est élu conseiller municipal à Paris, en 1934, mais il continue de suivre attentivement les évènements qui troublent la vie politique espagnole.

Dirigeant du journal *l'Humanité*, son gauchisme extrême montre de grandes réticences aux initiatives unitaires de la Gauche pour faire naître un front populaire. Mais son action est appréciée à Moscou. Membre éminent du Kominterm, il en est le Français le plus gradé. Il est envoyé en Espagne en pleine guerre civile comme inspecteur général des brigades internationales. Sa parfaite connaissance de l'espagnol et du catalan, son expérience militaire comme officier, semblent faire de lui l'homme de la situation. Mais très exalté, il entretient de mauvais rapports avec le Parti Communiste espagnol et comme stalinien intransigeant et autoritaire, il gagne le surnom de « boucher d'Albacete ». Hemingway, dans son roman *Pour qui sonne le glas*, en fait un portrait peu flatteur. On l'accuse d'avoir fait exécuter 500 membres des brigades internationales, d'obédience

anarchiste ou POUM. Même s'il y a sûrement exagération, André Marty choque par ses méthodes brutales.

L'évolution de la situation internationale à l'été 1939 le fait rappeler en URSS. Il arrive à Leningrad 5 jours avant la signature du pacte germano-soviétique. Farouchement opposé à sa signature, il établit un acte d'accusation de la direction de son propre parti. Ses rapports avec Maurice Thorez sont très mauvais. En octobre 1943, André Marty part pour Alger où il va représenter le PCF auprès du gouvernement provisoire du Général de Gaulle. À la Libération, en 1944, André Marty est numéro 3 du Parti Communiste. Mais le franc-tireur qu'il a toujours été est bientôt victime d'une campagne de dénigrement très stalinienne qui aboutit en 1953 à son exclusion du parti au terme de ceux que les historiens nomment l'affaire Marty Tillon, dans le contexte de ces grands procès politiques qui

▲ *À Versailles, lors de l'élection présidentielle de juin 1924, le député communiste André Marty est au milieu, avec un parapluie à la main*

secouent les démocraties populaires au début des années 50. Le Catalan est rejeté par ses camarades. Évincé du Parti Communiste, de son domicile à Garennes-Colombes, il trouve refuge en novembre 1953 dans les Pyrénées Orientales. Là, dans une bergerie aménagée en maison d'habitation, André Marty écrit. Rares sont ses soutiens. Sa santé décline ; diabétique, atteint d'un cancer du poumon, il meurt le 22 novembre 1956.

Même s'il n'a pas été réhabilité officiellement par le Parti Communiste, sa légende de révolutionnaire pur et dur, insoumis avant l'heure, lui survit parmi les militants de la gauche radicale.

Ludovic Massé
L'écrivain du peuple

Célébré comme un des plus grands écrivains catalans, Ludovic Massé est né à Evol, un petit village de la commune d'Olette, dans les Pyrénées-Orientales, le 7 janvier 1900. Ses origines sont modestes. Prénommé Ludovic Sforza Clément Denis, il est le fils de Sylvain Massé, maître d'école, lui-même fils de métayers, et de Florence Py, d'une famille montagnarde plus aisée. Massé passe une enfance heureuse à Evol puis à Saint-Jean-Pla-de-Corts près de Céret, avant d'entrer en 1916, comme son père, à l'École Normale d'instituteurs de Perpignan. Après une première année difficile, il est classé parmi les bons élèves, témoignant d'un goût affirmé pour la littérature et le théâtre. Il aime se déguiser, jouer la comédie. En octobre 1919, Ludovic Massé commence sa carrière d'enseignant à l'école de Cabestany, près de Perpignan.

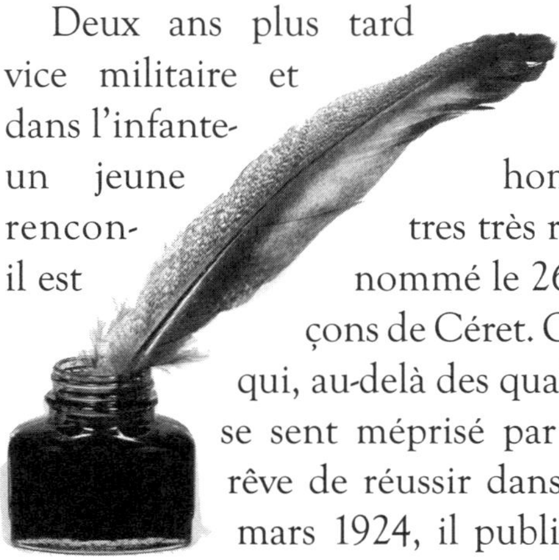

Deux ans plus tard vient le temps de faire son service militaire et Ludovic est incorporé à Toulon, dans l'infanterie. L'expérience est rude pour un jeune homme sensible même s'il y fait des rencontres très riches. À son retour à la vie civile, il est nommé le 26 septembre 1922 à l'école de garçons de Céret. C'est un instituteur bien noté mais qui, au-delà des qualités d'enseignant qu'il témoigne, se sent méprisé par la bourgeoisie bien-pensante et rêve de réussir dans le domaine de l'écriture. Le 21 mars 1924, il publie une première petite plaquette,

Chopinette dans le monde du rugby, récit comique qui ne reflète guère ce que sera plus tard son œuvre. Le tournant de la vie de Ludovic Massé, c'est la mort de son père en 1927, après une longue agonie. Ce tragique évènement est à l'origine de ses premiers romans : *Le livre des bêtes familières, Fièvre au village chronique, Lam, la truite*, un récit écrit en collaboration avec son frère Sylvain.

En mai 1930, Ludovic épouse Louise Bassou, tout juste de dix ans sa cadette, reproduisant ainsi le couple de ses parents. De cette union naissent trois enfants, deux filles, Lucienne en 1930 et Marie, décédée rapidement en 1932. Un garçon, Claude, leur vient enfin en 1934. C'est au début des années trente qu'Henry Poulaille, le créateur du courant de la littérature prolétarienne, lui aussi un grand oublié de l'histoire aujourd'hui, le prend sous son aile. Ainsi parait une première nouvelle, *Carnaval*, dans la revue *Nouvel Age*, qui est le point de départ de son roman *Le mas des Oubells*, qui sort chez Grasset le 28 septembre 1934. Dans ce roman, à travers le mystère de ce mas dans la montagne au-dessus de Céret, dans cette propriété du tyrannique Chouline, Massé oppose la vision sombre et cruelle d'un monde paysan à l'idéalisme d'un Lucien Grégoire, un

Ludovic Massé ▲

instituteur libertaire qui n'est pas sans lui ressembler beaucoup. La prose est poétique, maniant plus la métaphore que la description. Le roman est loué par Roger Martin du Gard et Blaise Cendrars. Des rumeurs de Goncourt planent mais c'est André Malraux qui l'obtient pour *La condition humaine*.

Dans ces années politiquement troublées de l'entre-deux guerres qui voient la montée du fascisme, Ludovic Massé s'engage. Le 14 juillet 1935, il prend la parole, place Arago, à Perpignan, au nom du Comité des Intellectuels Antifascistes lors d'un grand meeting auquel assistent plusieurs milliers de personnes. Dans la revue *Regards*, il publie toute une série d'articles et de reportages sur la Catalogne dont *Pip et la liberté*, une allégorie sur la guerre qui se profile et le fascisme qui monte, que son pacifisme refuse farouchement. Après avoir publié *Flamme Sauvage* chez Grasset, son éditeur lui refuse, en février 38, le manuscrit de *Cœur battant*. Ludovic Massé rompt avec sa maison d'édition. Il se démarque des mouvements de masse. Écrivain à la marge, par conviction, il se réfugie dans l'attitude « simple » de conteur d'histoires. Ses romans offrent une fresque remarquable de la France rurale du début du siècle. En 1939, son roman *Le refus*, remanié pourtant à plusieurs reprises, est écarté par tous les éditeurs. En ces années où la guerre gronde, où la poudre et le canon parlent, ce n'est pas ce que la France veut entendre.

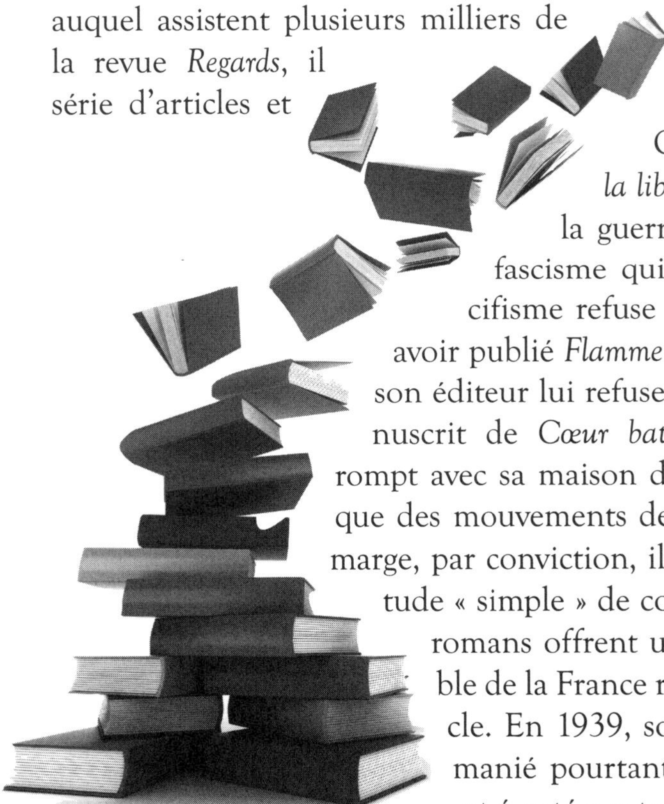

Au début des années 1940, Massé est un écrivain reconnu. Mais suspecté de « communisme », bien qu'il ait toujours, par individualisme, refusé d'adhérer à un credo politique autre que personnel, il est déplacé d'office à Perpignan par le pouvoir de Vichy. Massé choisit à l'approche du débarquement allié de mettre sa famille à l'abri dans un département voisin, celui de l'Ariège. C'est durant ces années de guerre qu'il entre en contact avec les peintres Raoul Duffy et Jean Dubuffet. À la Libération, Ludovic Massé retrouve les activités littéraires. En 1944, les éditions Fasquelle publient *Le vin pur* qui raconte la crise viticole et la révolte des gueux de 1907. Les éditions Flammarion publient *Le livret de famille*, premier tome d'une trilogie autobiographique. En 1947, il termine la deuxième version de son roman *Le refus* mais celui-ci est à nouveau refusé par tous les éditeurs. En 1949, il débute la rédaction du roman *Le sang du Vallespir*, s'affirmant dans sa conception de la littérature prolétarienne.

Les années suivantes sont pour Ludovic Massé des années humainement difficiles. En février 51, sa mère décède. Pendant presque trois ans, le Catalan ne publie rien. La sortie du tunnel semble s'amorcer en 1953 mais hélas, son épouse Louise tombe malade l'année d'après. Elle meurt le 10 juin 1958. La même année, Roger Martin du Gard qui l'avait largement soutenu comme écrivain, décède le 22 août. En avril 59, Ludovic Massé a la satisfaction de voir paraître *Les contes en sabots* aux éditions *L'Amitié par le livre*. Au début des années 60, il s'enthousiasme pour l'art brut grâce à son fils, Claude, sculpteur et artiste plasticien.

Écrit pendant son « exil ariégeois », *Le Refus* parait enfin en 1962. Massé y raconte la fin de la guerre et la Libération dans un village de ce département. Les « purs » de la résistance y côtoient les collaborateurs et ensuite les épurateurs. Cette galerie de personnages semble d'abord conforme à la distribution des rôles que l'imaginaire de la Libération va promouvoir, autour d'un axe où « bons » et « méchants » sont clairement identifiés. Cependant les certitudes sont rapidement mises à mal : intérêts économiques, amour, pulsions plus ou moins avouables, plus ou moins conscientes viennent brouiller les cartes, ouvrant la voie aux ambiguïtés et contradictions... Un texte qui invitait trop tôt sans doute à faire le deuil difficile d'un imaginaire, un texte jugé « inopportun » par ses éditeurs, sans équivalent dans la production littéraire de la fin de la guerre, par sa lucidité et son courage !

Mais pour Ludovic Massé, la fin des années 60 est moins souriante. Remarié en 1964, miné par des soucis d'argent et de santé, les derniers livres qu'il fait paraître sont des biographies : *Dubuffet de Z à A*, *Tolstoï, l'homme de vérité*. Ce libertaire antifasciste et chantre des petites gens meurt à l'âge de 82 ans, le 24 août 1982. Il repose au cimetière de Céret. Ludovic Massé laisse une œuvre qui, par-delà le terroir et la mémoire, incarne un ordre antitotalitaire. C'est en ce sens qu'au-delà du régionalisme, il atteint l'universel, sans jamais quitter sa « clairière » d'origine : le pays catalan.

À sa disparition, commença alors une réédition de l'ensemble de son œuvre par les éditions Balland, POL, Trabucaire, Encrage, Mare Nostrum, Pierre Mainard... En cette même année 1982, son fils, Claude Massé, déposa aux Archives départementales des Pyrénées-Orientales ses manuscrits et les articles, correspondance, notes que Ludovic Massé avait pu écrire. Ainsi, si beaucoup ont oublié l'écrivain du peuple que fut Ludovic Massé, son œuvre est encore toujours présente.

MARGUERITE MORENO
L'AMIE DE COLETTE

Dans la salle à manger de la Source Bleue, un verdoyant domaine au bord de la rivière, sur la commune de Touzac, dans le Lot, près d'une résurgence à vous couper le souffle de la beauté turquoise de ses eaux, il est un lieu magique qui fut jadis le point de ralliement de grands artistes français. Il garde en mémoire le passage d'hommes célèbres dont Charles Trenet et Charles de Gaulle. En cet endroit, le temps semble s'être arrêté et les meubles, les objets n'ont pas changé de place depuis le décès de sa propriétaire en 1948. Au mur est accroché un portrait d'elle à l'âge de 20 ans. Domaine reconverti aujourd'hui en chambres d'hôtes, l'empreinte de sa propriétaire demeure

Marguerite Moreno

partout. Mais qui était celle dont l'âme transpire de ces murs ? Connue sous son nom de scène de Marguerite Moreno, cette comédienne fut l'un des phares de la vie théâtrale de la première moitié du XXe siècle.

De son nom de famille, elle est née Lucie Marie Marguerite Monceau le 15 septembre 1871, à Paris, dans le XIe arrondissement. Fille d'un professeur de mathématiques originaire du Périgord, et de Charlotte Lucie Moreno, une belle jeune fille au visage ovale parfait, une Espagnole de naissance qui prétend descendre d'un Grand d'Espagne, ruiné au temps du carlisme. La jeune femme est profondément catholique, désirant avoir une grande progéniture. L'enfance de Marguerite, première de la lignée, est ainsi rythmée par les grossesses à répétition de sa mère qui complète la famille Monceau par la naissance de quatre frères. Bilingue par sa mère, Marguerite entre en 1877 chez les Dames trinitaires. Demi-pensionnaire, elle est une élève brillante. Son enfance est paisible. À la puberté, Marguerite se dissipe, assez pour que ses parents l'envoient en Bretagne où le grand air est censé lui rendre son équilibre.

C'est au cours de ce séjour en Bretagne qu'elle découvre le théâtre. Assistant à la représentation du mystère de la rédemption, elle est bouleversée par la conviction des comédiens à jouer juste. À la fin du spectacle, elle meurt d'envie de monter sur scène. De retour à Paris en 1886, Marguerite constate que sa famille a bien changé. Ses parents sont en train de divorcer. Pour vivre, sa mère devient nourrice, son père meurt le 11 septembre 1888, alors que Marguerite n'est âgée que de 17 ans. Un professeur de français, conquis par sa capacité à réciter les textes, lui conseille de se présenter au concours du Conservatoire. Sa mère accepte à condition toutefois qu'elle passe d'abord le brevet supérieur. Aiguillonnée par ce défi, Marguerite travaille ses classiques et s'imagine déjà sur scène.

La plupart de ses professeurs qui font partie du jury de l'examen d'entrée sont aussi sociétaires de la Comédie française. Ne disposant d'aucune relation, c'est sur son seul talent qu'elle peut compter. Celle qui a obtenu son brevet supérieur quelques semaines plus tôt affronte le jury à la mi-juin 1888. Sa prestation est éblouissante.

Elle entre au Conservatoire portée par un flot d'éloges. Elle adopte pour son nom de scène celui de sa mère, Moreno. Au Conservatoire, elle fait rapidement de grands progrès et décroche deux prix dont un de tragédie et un de comédie. Travaillant d'arrache-pied, elle réussit, en juillet 1890, à l'issue de deux années de Conservatoire, à être engagée à la Comédie française. Marguerite est aux anges. Elle répète le rôle de Ruy Blas et déclenche un tonnerre d'applaudissements avec sa voix claire et bien timbrée qui charme les spectateurs. Appliquant les conseils de son maître Gustave Worms, elle interprète ses rôles en laissant sa délicate sensibilité s'épanouir.

En juillet 1891, Marguerite Moreno rencontre Catulle Mendès, critique du journal *L'Echo de Paris*. Mendès, qui a 50 ans et une réputation de séducteur, éblouit Marguerite par sa verve. La comédienne devient sa maîtresse dès le mois d'août. Marguerite découvre Montmartre et le cabaret le Chat Noir, les poètes symbolistes, le monde des écrivains en vogue. Le couple qui fait la une du Tout-Paris, ne partage pas le même domicile. Marguerite tombe enceinte, mais Catulle Mendès refuse de reconnaître l'enfant qu'une méningite emporte à l'âge de 18 mois. Marguerite ne confiera jamais son chagrin à personne mais sa rencontre avec la grande écrivaine Colette se transforme en une amitié profonde.

Colette, qui ne supporte pas de voir Moreno malheureuse, lui présente l'écrivain Marcel

Schwob qui tombe follement amoureux de Marguerite. En janvier 1895, Marcel et Marguerite forment un couple étrange. Elle qui a un profil d'Égyptienne et lui qui ressemble tant au prince Victor Napoléon. Schwob fait découvrir à Moreno le monde des salons où on échange potins et où on s'entretient de politique. Le 12 septembre 1900, Marguerite épouse Marcel Schwob en Angleterre, portée par une passion dont témoigne aujourd'hui encore une extraordinaire correspondance. Mais Schwob est gravement malade, souffrant de maux d'estomac. La maladie le mine. Il est insomniaque et seule la morphine le calme un peu. À leur mariage, le contraste est saisissant entre Marguerite, pleine de vie, et Marcel, portant sur son visage le masque de la mort.

Le 23 septembre 1903, Marguerite Moreno sur les conseils de Schwob quitte la Comédie française pour le théâtre de Sarah Bernhardt. Elle y joue la nouvelle pièce de Victorien Sardou, *la sorcière*. Marguerite s'éloigne furtivement pour des amants de rencontre. La santé de Marcel se dégrade de mois en mois, il est à bout de forces. Face à ce grand malade, Marguerite joue le rôle d'une seconde mère. Marcel Schwob meurt en 1905 à l'âge de 37 ans et Marguerite part en tournée en Argentine. Chaleureusement accueillie à Buenos Aires, elle va y rester sept ans pour diriger la section française du Conservatoire. Remariée en 1908 avec l'acteur Jean Daragon, la France commence à lui manquer. Sa mère est vieillissante et en 1913, elle décide de rentrer au pays de Molière pour faire une brève apparition au théâtre Antoine.

Quand la guerre de 14 éclate, Marguerite témoigne d'un engagement patriote certain. Déçue de ne pas voir son mari revêtir l'uniforme, après la mort de son frère Gustave en août 14, Marguerite part courageusement comme chef infirmière au service de chirurgie de l'hôpital de Nice où elle demeure jusqu'en septembre 1915. Cette année-là, à 45 ans, Marguerite découvre le cinéma. Chargée de mission par le ministère des Affaires étrangères, elle donne des conférences en Espagne. Le théâtre semble l'avoir oubliée et elle part dans le Lot pour se ressourcer. C'est là que l'armistice de 1918 la trouve. En mars 1921, elle fait l'acquisition d'une grande bâtisse aux pierres jaunes. Sa carrière se partage désormais entre le Lot et Paris, entre théâtre et cinéma. Moreno accepte tout ce qu'on lui propose. Tombée amoureuse de Pierre Bouyou, de 24 ans son cadet, elle met en vente sa maison pour s'installer avec lui à Touzac, au Castelou.

À Touzac, Marguerite entreprend de rédiger ses mémoires. De retour à Paris, on la voit apparaître dans *Un trou dans le mur, Ces dames aux chapeaux verts, Tout va très bien madame la marquise, Le roman d'un tricheur, Les perles de la couronne.* Sa vie sentimentale est fortement perturbée quand elle découvre en 1933 que Pierre mène une double vie avec Micheline Cusson, une jeune femme de 24 ans. Marguerite reçoit sa rivale à Touzac et accepte de cohabiter avec elle pour ne pas se séparer de Pierre. La montée du nazisme l'inquiète. Pierre mobilisé en 1939, Marguerite assume la charge de chef d'exploitation du domaine de la Source Bleue. Pour renflouer les finances, elle remonte à Paris mais la déroute de l'armée française la fait rentrer dans le Lot en mai 40. Hostile à Pétain, Moreno est une gaulliste de la première heure. Pierre s'engage dans la Résistance et

Marguerite Moreno à l'affiche ▲

le domaine de la Source Bleue devient un refuge pour tous les amis des Moreno.

Le 13 février 44, l'arrestation de Pierre laisse Marguerite et sa rivale Micheline seules pour gérer la propriété. Fort heureusement,

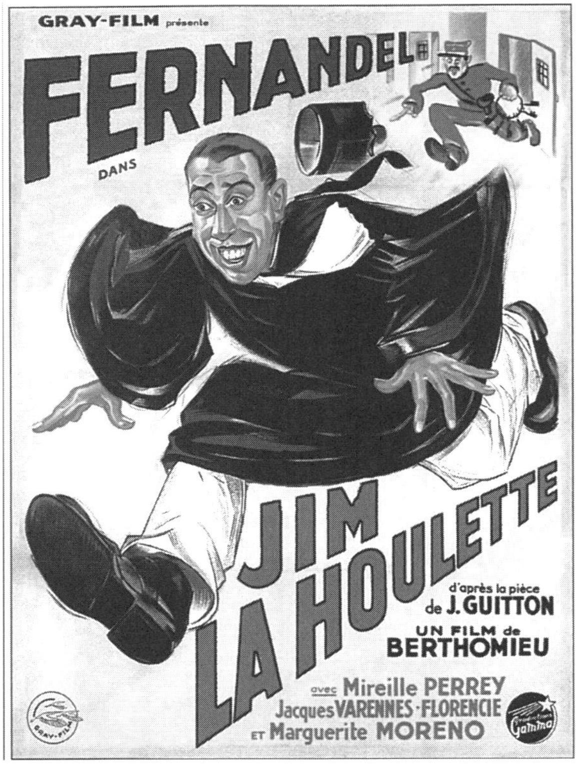

il est relâché le 20 mai mais Marguerite est épuisée par des crises d'arthrose à répétition. Séjournant à Nice, en février 45, elle y rencontre son filleul de guerre, le légionnaire Jean Denechaud. Marguerite, malgré ses 74 ans, en tombe éperdument amoureuse. Cette relation la dynamise. Elle triomphe au théâtre, dans le rôle d'Aurélie, dans *La Folle de Chaillot* de Giraudoux, aux côtés de Louis Jouvet. 300 représentations ne lassent pas le public ! Le 7 février 1947, la presse à scandale titre sur son mariage avec Jean Denechaud. Marguerite n'est pas dupe, elle sait bien que son jeune amant s'intéresse à elle pour son argent.

Décorée de la Légion d'honneur en mars 1948, Marguerite prend froid le 4 juillet lors d'une fête de bienfaisance. Son état se dégrade. Une congestion pulmonaire se déclare et elle meurt le 14 juillet 1948. Ses obsèques auront lieu dans la plus stricte intimité sans fleurs ni couronnes. Une cérémonie qui aurait sans doute bien fait rire celle qui a fait graver sur sa tombe une épitaphe qui en fera réfléchir plus d'un : « C'est l'oubli des vivants qui fait mourir les morts. »

▲ *Marguerite Moreno tourna avec les plus grands*

Alfred Nakache
Le nageur d'Auschwitz

Rien ne prédestinait ce cadet d'une famille juive de onze enfants, né le 18 novembre 1915 à Constantine, en Algérie, à devenir l'immense champion de natation qu'il fut. D'ailleurs ne souffre-t-il pas, gamin, d'une phobie de l'eau ? Plutôt rédhibitoire pour celui qu'on va surnommer Artem – le poisson –, le chef de file de la natation tricolore de l'immédiat avant-guerre.

Son père, David, est le directeur du Mont de Piété de la deuxième ville d'Algérie. Alfred, comme ses frères et sœurs, est élevé dans le respect des traditions juives et des valeurs républicaines. Son père le pousse vers le sport et le jeune Alfred s'adonne au football comme nombre de ses petits camarades. Sa phobie de l'eau vaincue, il fréquente la piscine Sidi M'Cid et prend goût à l'effort physique. Licencié à la jeunesse nautique constantinoise, il participe à ses premières compétitions et remporte à l'âge de 16 ans, à Philippeville son premier succès : la coupe de Noël de Constantine. L'adolescent rêve de marcher sur les pas de Jean Taris qui vient de décrocher aux jeux de Los Angeles la médaille d'argent sur le 400 mètres, juste derrière Johnny Weissmuller.

Alfred progresse très vite. En 1933, il participe aux premiers championnats de France et à la fin de l'été, déménage à Paris. Désormais, le voici licencié au Racing club de France. Parallèlement à l'amorce d'une brillante carrière sportive, Alfred Nakache est inscrit au lycée Jeanson-de-Sailly. Ses performances sportives sont remarquables. À Berlin, le 12 août 1936, il obtient une place honorable aux quatre fois 200 mètres nage libre. Lui, le juif de Constantine, n'est pas peu fier de damer le pion aux sportifs nazis relégués à la cinquième place ! Dans les bassins, les plus beaux espoirs sont sur son nom. En 1938, il quitte le club nautique de Paris, victime d'injures racistes et antisémites. Mais cela ne le décourage pas et il s'entraîne sans compter à la piscine Molitor ainsi qu'à celle des Tourelles, préparation intensive qui lui permet de prendre part aux Maccabiades, une compétition réservée aux athlètes juifs de 28 pays, qui se déroule à

Tel-Aviv. Il effectue à ce moment-là son service militaire dans l'Armée de l'Air, à la base 117 de Paris. Souvent, Alfred Nakache fait la une du *Miroir des sports* ou de *L'auto,* ancêtre de *l'Équipe.* Sa disponibilité, sa bonhomie naturelle lui attirent les faveurs du public contrairement à son rival Jacques Cartonnet, champion antipathique et farfelu, antisémite violent qui plus tard, chroniquera dans l'hebdomadaire fasciste *Je suis partout*, avant de s'engager dans la milice durant l'Occupation.

▲ *Alfred Nakache en 1946*

En 1939, Alfred Nakache réussit l'examen d'entrée à l'École Normale d'éducation physique, futur Institut National du sport, comme son épouse, Paule, une juive avec qui il s'est marié le 6 octobre 1937. Le 3 septembre, quand la France déclare la guerre à l'Allemagne, Alfred Nakache s'engage dans l'Armée de l'Air avec ses deux frères. Il continue à s'entraîner jusqu'en mai 40 mais après la défaite quand Philippe Pétain, investi des pleins pouvoirs le 10 juillet 40, abolit le décret Crémieux et promulgue des mesures d'exclusion à l'encontre des Israélites, Nakache, juif d'Algérie, déchu de sa nationalité française, n'a d'autre solution que de partir pour Toulouse, en zone libre. Licencié alors au Dauphin du TOEC, il se rapproche des réseaux de résistance juive en aidant à la préparation physique des recrues. En janvier 41, l'entraîneur Alban Minville accueille le jeune couple et lui trouve un logement dans un immeuble du quartier Saint-Cyprien, non loin de la piscine du parc municipal sur l'île du Ramier. Sous sa houlette, Nakache travaille sa musculation, améliore ses techniques de nage. Malgré l'Occupation et le régime de Vichy, il est sélectionné dans les compétitions sportives. En 1942, il gagne cinq titres de champion de France, le 200 mètres brasse, le 4 X 200 nage libre, le 100 mètres, 200, 400 mètres nage libre !

Mais derrière l'image du grand athlète qui accumule les records, il y a un homme toujours prêt à aider ses coreligionnaires en difficulté et la mémoire juive. Car l'étau se resserre, les arrestations et les déportations se multiplient. Dans la Ville Rose, Karl Heinz Müller, le chef de la Gestapo, fait régner un climat de terreur. Le journal *Les Cahiers jaunes*, acquis aux idées nazies, susurre l'idée que le nageur juif souille l'eau des bassins. En 1943, Nakache est interdit de compétition aux championnats de France. Par solidarité, ses camarades du TOEC déclarent forfait. Arrêté par la Gestapo, le 20 décembre 43, à son domicile avec sa femme et sa fille de 2 ans, il est amené à la prison Saint-Michel de Toulouse puis transféré à Drancy, et déporté à Auschwitz par le convoi numéro 66 du 20 janvier 1944.

Séparé de sa famille à l'arrivée au camp d'extermination, il ignore qu'elles ont été assassinées dès leur arrivée, gazées probablement à Birkenau. Affecté à l'infirmerie, ce qui lui sauve probablement la vie, Nakache est devenu le matricule 172763. Là, il détourne des aliments au profit des malades, et autour du Professeur Waitz, participe à un embryon d'un réseau de résistance. Sa constitution physique exceptionnelle le protège des mauvais traitements, pourtant, les SS ne le ménagent pas. Ils l'obligent à nager dans une eau glacée

et croupie, l'humilient en lui jetant des cailloux qu'il doit aller chercher au fond d'un bassin de rétention d'eau pour les incendies.

Le 18 janvier 45, le camp est évacué face à l'avancée de l'Armée Rouge. Pour les déportés commencent alors d'effroyables marches de la mort. C'est ainsi qu'Alfred Nakache se retrouve à Buchenwald où les Américains le libèrent en avril 45. Amaigri de plus de quarante kilos, il retrouve la France à l'hôpital de la Salpêtrière. Il conserve un faible espoir de revoir sa femme et sa fille même s'il sait que les SS ont passé au four crématoire les bouches inutiles. Le 28 avril 45,

▲ *Entrée du camp nazi de Birkenau où la famille d'Alfred a été anéantie* il retourne à Toulouse, reprend son poste de professeur d'éducation physique et l'entraînement. Très vite, il se reconstruit et renoue brillamment avec la compétition. Il participe aux Jeux Olympiques d'été de 1948, à Londres, où il s'affirme comme le meilleur nageur du monde à l'épreuve du 200 mètres brasse papillon. Sa carrière de professeur d'éducation physique le conduit à l'aube de la retraite à Saint-Denis-de-la-Réunion où il pratique assidument la plongée sous-marine. Mais c'est à Cerbère, dans les Pyrénées-Orientales, dans cet élément aquatique où il est si bien, qu'il décède, le 4 août 1983, d'un arrêt cardiaque dans le kilomètre quotidien de natation auquel il s'adonne.

Alfred Nakache, de l'eau et des larmes...

Charles de Nansouty
À l'assaut de l'observatoire du Pic du Midi

L'homme porte un nom célèbre. D'une famille qui tire ses origines en Bourgogne, Charles Marie Étienne Champion Dubois de Nansouty appartient à ces lignées de militaires qui servirent glorieusement les armées françaises. Son oncle, général de cavalerie, ne s'illustra-t-il pas dans les guerres de la Révolution et de l'Empire, ce qui lui valut d'avoir son patronyme inscrit sur l'arc-de-triomphe de l'Étoile, à Paris ? Son propre père n'était-il pas lieutenant-colonel d'infanterie ? Pourtant, si une caserne de Bordeaux porte son nom, sa célébrité, aujourd'hui oubliée, ne doit rien à la chose militaire bien qu'il fit lui aussi carrière dans les armes.

Charles de Nansouty en 1870

Né le 20 février 1815 à Dijon, Charles de Nansouty suit la lignée familiale et entre à l'âge de 12 ans à l'école des Pages de Charles XI où il est élève pendant trois ans mais la Révolution des Trois Glorieuses l'en exclut. Après la Révolution de Juillet, il travaille dans une usine que son père possède mais qui ne tarde pas à péricliter. En septembre 1837, Nansouty s'engage finalement comme volontaire au XIIe régiment d'artillerie. Il est nommé brigadier-fourrier en mars 1838 puis maréchal des logis en décembre. Grâce à des appuis familiaux, Nansouty est affecté en décembre 1840 au 8e Régiment de Hussards en formation avant de rejoindre le 7e Hussard comme sous-lieutenant, en avril 1841. Dès lors, son destin parait tout tracé, il sera militaire comme ses ancêtres.

Et Nansouty effectue en effet une brillante carrière militaire. En juillet 1842, il part en Algérie, où il sert dans le corps de la cavalerie indigène. Peu avant la prise de la smala d'Abd El-Kader par le duc d'Aumale, il est blessé à la tête le 14 mai 1843 lors du combat de Sidi El Rashed, ce qui lui vaut une citation à l'ordre de la division.

L'entrée de l'observatoire du pic du Midi, au début du XXe siècle

Quelques mois plus tard, le 12 septembre 1843, Nansouty se distingue lors d'un audacieux coup de main où son cheval est tué sous lui. Le 19 juillet 1845, il passe lieutenant et rejoint le 3e Régiment de Spahis algériens puis est nommé capitaine en mars 1847 sous les ordres du général Yusuf. Considéré comme un officier intelligent et brillant, ses rapports avec ses chefs ne sont pas toujours faciles. Revenu en France en juin 1851 pour rejoindre le 7e Cuirassé, il est bientôt affecté à la Garde Impériale et promu chef d'escadron en 1853.

Nansouty est un soldat pittoresque. Mal embouché, égrenant des chapelets de jurons à vous faire dresser les cheveux sur la tête, cet officier à moustache et barbiche énormes est un brave mais un sacré sabreur dont les chefs regrettent la rudesse. En février 1867, il retourne en Afrique pour mettre sur pied le 4e Régiment de chasseurs. En février 1869, Nansouty est nommé général de brigade et prend le commandement un mois plus tard de la 1e brigade de cavalerie au camp de Chalons. Il participe à la guerre franco-prussienne de 1870 où sa brigade se trouve engagée en deuxième ligne lors de la bataille de Frœschwiller-Woerth les 5 et 6 août 1870.

À la suite de la capitulation des armées impériales à Sedan, Nansouty désobéit aux ordres, ce qui permet à 12 000 soldats d'éviter la capture et de rejoindre les armées de la Loire ! Nommé général de division à titre provisoire en 1870 et affecté à Toulouse, il doit faire face aux troubles politiques suscités par la Commune. Bien qu'assiégé dans sa caserne, il refuse d'ouvrir le feu sur les insurgés et il est relevé de son commandement pour inaction. Mais l'homme n'est pas du genre à capituler. Il ne l'entend pas de cette oreille. Ulcéré, il adresse un courrier de protestation à son ministre de tutelle qui lui vaut 60 jours de prison, peine qu'il exécute à Bayonne. Réintégré en janvier 1872, il reste sans affectation. N'étant pas été rappelé en activité, il demande sa mise à la retraite, clôturant ainsi une carrière militaire brillante reconnue par un grade de commandeur dans l'Ordre National de la Légion d'honneur.

Une seconde vie s'ouvre à lui. Charles Nansouty se retire dans les Pyrénées, s'intéresse à la géologie, la paléontologie et la haute montagne. Il se passionne surtout pour un projet qui, à première vue, frôle la folie : établir un observatoire météorologique au sommet du Pic du Midi de Bigorre à 2876 m d'altitude. Pour prouver que c'est possible, Charles Nansouty n'hésite pas à s'installer pendant huit ans au col de Sencours, 500 m en-dessous du sommet, pour prouver au péril de sa vie qu'on peut passer l'hiver en haute altitude ! Là, il vit en ermite, étudie la faune, la flore.

Grâce à son expérience, et suivant les plans de l'ingénieur civil Célestin-Xavier Vaussenat, les premières pierres de l'observatoire sont posées à partir du 22 mai 1878. Il faudra attendre deux ans pour que le gros œuvre soit achevé. L'aménagement définitif a lieu le 1er octobre 1881. La réussite doit beaucoup au général Nansouty,

Les coupoles du pic du Midi au lever du Soleil ▲

les travaux n'étaient possibles que quatre mois par an et les risques étaient énormes comme cette avalanche de mars 1879 en témoigne. L'observatoire est inauguré en août 1882. Les locaux sont rustiques mais la qualité des observations est remarquable. Toutefois, la construction et la gestion ont ruiné les finances de la société Ramond qui s'est lancée dans l'opération. Les fondateurs, dans l'impossibilité d'assurer la gestion de l'observatoire, sont contraints d'en faire don à l'État le 7 septembre 1882.

Charles Nansouty, ce général excentrique qui avait eu une idée folle, ne vit pas l'observatoire du Pic du Midi de Bigorre avoir le rôle important qu'on lui connaît aujourd'hui dans l'astronomie moderne. En 1901, quand Benjamin Baillaud, directeur de l'observatoire de Toulouse, le fit équiper d'un télescope équatorial de 50 cm de diamètre, et de 6 m de focale, qui, grâce à la pureté du ciel, permettait de remarquables observations, Charles Nansouty avait déjà quitté ce monde, à l'âge de 80 ans, pour rejoindre les étoiles. Sans son entêtement, l'aventure du Pic du Midi n'aurait pas été possible. Un siècle plus tard, les scientifiques lui rendront honneur en donnant son nom à l'astéroïde 44263.

Eugénie Niboyet

La militante oubliée

De tous temps, la cause des femmes a eu ses héroïnes. On connait Olympe de Gouges, Hubertine Auclert, Flora Tristan, Simone de Beauvoir, Françoise Giroud... et tant d'autres. Mais Eugénie Niboyet, elle, a passablement disparu des radars. Pourtant, cette femme de lettres, saint-simonienne, proche des fouriéristes, fut une révolutionnaire et incarna un militantisme féministe actif au cours du XIXe siècle.

Eugénie Niboyet en 1880

Eugénie est née à Montpellier, le 8 septembre 1796. Elle est la fille de Georges-Louis, Mouchon, pharmacien et petite-fille de Pierre Mouchon (1733-1797), un pasteur protestant qui a participé à la rédaction de la célèbre encyclopédie

de Diderot et d'Alembert. Eugénie a trois sœurs, Sophie, Élisa et Alexandrine, mais aussi deux frères, Louis et Émile. Élevée dans une famille lettrée, elle est de bonne heure gagnée aux idées de la Révolution. Son père n'est-il pas pharmacien en chef de « l'hôpital des Sans-culottes » à Montpellier ? Toutefois, cet homme refuse les excès de la Terreur, ce qui lui vaut de devoir se réfugier dans les Cévennes pour éviter l'échafaud. La famille part s'installer à Lyon.

C'est là, presque deux décennies plus tard, qu'Eugénie rencontre Paul Louis Niboyet, un avocat, issu comme elle d'une famille protestante. Eugénie a 26 ans quand elle l'épouse le 8 octobre 1822. Le jeune couple s'installe à Mâcon et le 22 juin 1825 naît leur fils unique, Paulin, futur consul de France, qui sera aussi écrivain sous le pseudonyme de Fortunio, lui-même père d'un grand spécialiste du droit international privé dans la première moitié du XXe siècle.

Cédant à l'attrait de la capitale, le ménage s'installe à Paris en novembre 1829. Protestante fervente, Eugénie rejoint la société de la morale chrétienne. Elle se rapproche des idées progressistes saint-simoniennes et adhère au mouvement avec son mari. En 1831, elle a la charge de la section saint-simonienne des 4e et 5e arrondissements de Paris.

De retour à Lyon en 1833, Eugénie Niboyet y fonde le premier journal féministe de province. *Le conseiller des femmes* témoigne de sa volonté inlassable d'instruire le peuple et d'éduquer son propre sexe. Elle assure la direction de l'hebdomadaire jusqu'en septembre 1834, écrivant plus de soixante articles surtout consacrés à l'éducation. Le journal, vendu 10 francs par an, veut construire la paix sociale, lutter contre l'ignorance par l'instruction, moraliser la vie des femmes des classes laborieuses. On y trouve des conseils d'hygiène, de puériculture, de diététique, d'économie domestique. On y explique comment rénover et assainir les cités ouvrières insalubres, comment prévenir la prostitution. Dans le contexte de la révolte des ouvriers de la soie, les canuts, en 1834, Eugénie se montre clairvoyante, dénonce la violence de la répression et rend visite à tous ceux qui sont emprisonnés.

De retour à Paris en 1835, Eugénie collabore régulièrement à la littérature féminine, projette un nouveau journal, écrit des ouvrages sur l'abolition de la peine de mort, le système pénitentiaire, l'éducation des aveugles. Elle visite souvent les prisons pour femmes, et crée une école à Saint-Lazare.

Séparée de son mari en 1836, n'ayant plus que sa plume pour vivre, elle traduit de l'anglais de nombreux ouvrages, rencontre Flora Tristan, et de nombreuses féministes. En juillet 1839, le ministre de l'instruction publique lui attribue enfin une modeste pension littéraire de 800 francs qu'elle sollicitait depuis deux ans, pension qui lui sera retirée en 1848 pour avoir été la présidente du club des femmes.

En 1842, elle remporte à nouveau le grand prix de la société de la morale chrétienne, proclame son idéal de fraternité universelle, son rejet de la peine de mort et la nécessité d'une réforme pénitentiaire. Elle s'interroge sur les remèdes pour éradiquer le paupérisme, correspond avec Georges Sand. Peu à peu, elle se range du côté des Républicains. La Révolution de 1848 suscite chez elle un immense espoir. En mars, elle devient la directrice de *La voix des femmes*, un organe de presse sous-titré *Journal socialiste et politique* qui est le premier quotidien national féministe français !

La naissance de ce journal entraîne bientôt celle d'un club politique autour d'Eugénie Niboyet. Se regroupent ainsi des militantes, comme Jeanne Deroin, Désirée Gay, Élisa Lemonnier et Anaïs Ségala mais aussi des hommes tel Jean Macé. Aux élections législatives, le club défend les candidatures des ouvriers fouriéristes mais aussi celles de l'abbé Constant et de Louis Blanc, de Victor Schoelcher, de François Raspail. Le club provoque aussi de vives polémiques, notamment sur le divorce. Brocardé par le journal *Le charivari*, il est l'objet d'une série de caricatures d'Honoré Daumier, « *Les divorceuses* ».

Déçue et découragée par toutes ces polémiques, Eugénie cesse la publication de son journal et se replie à Lyon où elle se retire de la vie politique. Toujours en défendant le droit des ouvriers à s'associer dans des coopératives de production et de consommation, criblée de dettes, elle est contrainte de s'exiler à Genève. Elle vit là modestement de ses travaux de traduction. Revenue en France en 1863, elle publie *Le vrai livre des femmes*, une œuvre autobiographique pour réhabiliter autant son image que jeter un regard critique sur la condition de ses alter ego. Persuadée que les femmes doivent être encore plus protégées, elle crée en 1865 une société de protection mutuelle pour les femmes dont elle assure le secrétariat général. Elle s'intéresse beaucoup aux écoles professionnelles de jeunes filles fondées par Élisa Lemonnier mais retirée de la vie politique, on n'entend plus beaucoup parler

▲ *Caricature de Daumier « Les divorceuses »*

d'elle. Elle écrit un roman historique, des nouvelles, des contes, soutient les demandes en grâce des Communards, réclame en vain justice pour le rétablissement de son indemnité littéraire.

Célébrée en 1878 au Congrès féministe de Paris, elle meurt à Paris le 6 janvier 1883. Figure incontournable du féminisme, partie prenante des grands combats de l'humanité, elle est quelque peu oubliée, même si aujourd'hui une allée dans le 7e arrondissement à Lyon et une crèche à Villeurbanne portent son nom.

Léon Pales

Le père de la paléopathologie

On dit que le chat peut avoir neuf vies… L'Ariégeois Léon Pales en a eu plusieurs, assurément ! Il est né le 20 février 1905 à trois heures du matin à Toulouse, au 19 de la rue Saint-Rome, au domicile de ses parents d'où sa famille est originaire. Son père, Jean-Baptiste, est un avocat de trente-cinq ans. Sa mère, Anne Victorine Déjean est dite sans profession, comme beaucoup de femmes de son époque et de sa condition. Toulousain de naissance, c'est en Ariège que le petit Léon passe son enfance, département auquel il restera toujours fidèle et où s'épanouit son goût pour l'observation. Attiré par les grottes, il découvre à quinze ans, en 1920, un épi fossile exceptionnel, ce qui lui vaut de rencontrer des préhistoriens de renom tels le comte Begouen, l'abbé Breuil ou Marcelin Boule.

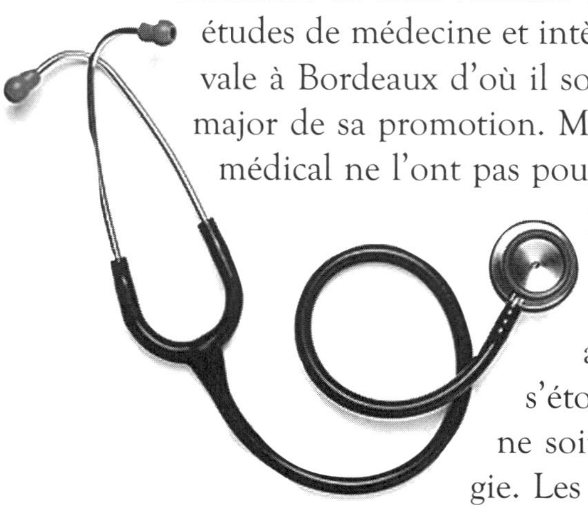

Bachelier en latin sciences en 1921, il choisit de faire des études de médecine et intègre en octobre 1925 Santé navale à Bordeaux d'où il sort à vingt-quatre ans en 1929, major de sa promotion. Mais ces années d'apprentissage médical ne l'ont pas pour autant éloigné de sa passion pour la préhistoire. Membre de plusieurs sociétés savantes, il publie des articles qui font autorité. Aussi ne faut-il pas s'étonner que sa thèse de médecine soit consacrée à la paléopathologie. Les qualités de cette remarquable étude qui bouleverse nos connaissances lui valent de voir son travail publié l'année suivante avec une préface de l'ethnologue Paul Rivet, créateur du musée de l'Homme.

Médecin militaire, Léon Pales choisit de servir dans les troupes coloniales. Après une année de spécialisation au Pharo à Marseille, il commence sa carrière de praticien à l'hôpital de Brazzaville. Découvrant les ethnies africaines, Pales est confronté à l'effroyable mortalité des ouvriers qui construisent la voie de chemin de fer Congo-Océan. Seul capable de réaliser des autopsies, il diagnostique les causes de maladies infectieuses, décrit avec précision la cachexie du Mayombé, considéré aujourd'hui comme l'indice d'une probable circulation du VIH dès les années vingt en Afrique Centrale. Sa carrière se poursuit comme médecin-chef à l'hôpital de Fort-Lamy où les fouilles archéologiques qu'il conduit montrent que son intérêt pour l'anthropologie ne se dément pas. Revenu en métropole en 1937, Léon Pales est nommé Professeur Agrégé d'anatomie à l'école du Pharo en 1939. À la déclaration de guerre, il prend le commandement de l'Ambulance Chirurgicale Légère (ACL 222) engagée dans la Sarre. Fort de son expérience en Afrique, conscient des ravages provoqués par les bombardements, Pales organise ses équipes chirurgicales pour opérer en continu. Les 590 interventions lourdes que l'ACL 222 doit accomplir pendant la « drôle de guerre » valident cette organisation. Mis en partie hors de combat lors de l'offensive éclair de mai 1940, en charge de deux trains sanitaires de plus de 600 blessés, Pales et les personnels de l'ACL 222 ne peuvent éviter la captivité. Incarcéré comme médecin

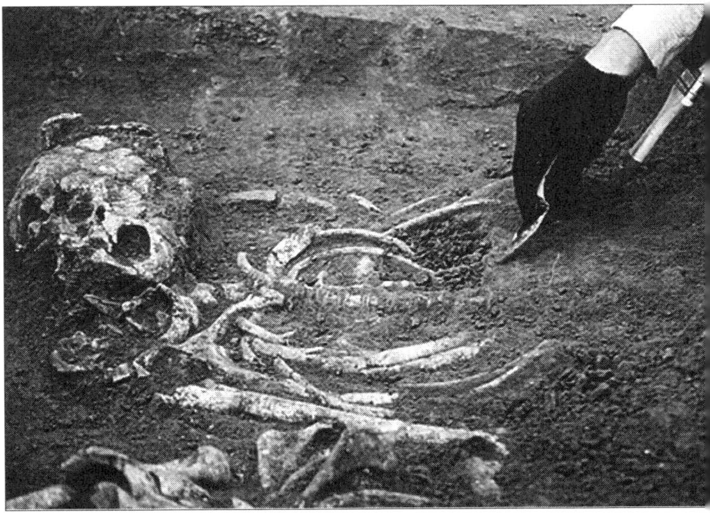

Le travail patient du paléontologue ▲

du camp de prisonnier de Langres, Léon Pales est libéré en mars 1941 et prend la direction à partir de 1942 du service de chirurgie de l'hôpital militaire Michel Levy à Marseille. Rédacteur en chef de la revue *Médecine Tropicale*, il enseigne tout autant la nutrition que l'anatomie et l'ethnographie.

En 1943, le docteur Léon Pales oriente sa carrière vers l'anthropologie, science qu'il s'efforce de promouvoir à la faculté de médecine de Marseille. Placé hors cadre des armées, il remplace Jacques Soustelle et assure alors les fonctions de sous-directeur du musée de l'homme dont il s'efforce de préserver les collections de la rapacité de l'occupant. Nommé en 1945 à Dakar à la direction de la santé publique de l'Afrique Occidentale Française, Léon Pales prend la tête de la Mission anthropologique et travaille activement sur les conséquences de l'alimentation et les carences nutritives sur le développement physique des ethnies de l'AOF. Pendant cinq ans, menant des enquêtes systématiques sur des milliers de sujets, il ne quitte l'Afrique que pour participer à des congrès internationaux. Revenu définitivement à Paris en 1950, il assure la direction scientifique des départements d'anthropologie, d'ethnologie et de préhistoire du musée de l'Homme. Sur les conseils de l'abbé Breuil, le

▲ *Jeunes filles à Dakar (1948)*

grand préhistorien, il effectue le relevé de pierres gravées datant du magdalénien.

À cinquante-deux ans en 1957, Pales prend sa retraite de l'armée comme médecin colonel pour devenir directeur de recherche au CNRS. Méthodique et rigoureux, sans complaisance, faisant toujours preuve d'une grande probité scientifique, il encadre avec bienveillance les jeunes chercheurs, allant jusqu'à faire construire à ses frais en 1963 un laboratoire de paléontologie à Montseron, en Ariège, près des grottes Malarnaud-Soulabé où il mène des fouilles pendant ses congés depuis 1925. Définitivement retraité en 1975, Léon Pales consacre les dernières années de sa vie à sa passion pour la préhistoire. Sa notoriété internationale, l'importance scientifique de ses 191 publications, témoignage de ses multiples travaux, lui valent une pluie de distinctions : Officier de la Légion d'honneur, commandeur des palmes académiques, chevalier des arts et lettres… Décédé en 1988 à l'âge de 83 ans, l'Ariège qu'il aimait est sa dernière demeure. Lauréat de la Société Anthropologique de Paris dont il assura aussi la présidence, Léon Pales laisse le souvenir d'un grand chercheur, tout autant médecin, anthropologue que préhistorien, le père de la paléopathologie dont les travaux sont toujours d'actualité.

Portrait de Léon Pales, à la fin de sa vie, portant un béret pyrénéen ▲

ÉDOUARD DE PERRODIL
L'ÉCRIVAIN CYCLISTE

Ce 2 juillet 1893, une chaleur torride écrase les rues de Madrid en cette fin d'après-midi. Pourtant, les Madrilènes sont plusieurs milliers à les attendre, ces deux aventuriers arborant des maillots jaunes et rouges aux couleurs espagnoles précédés de la garde civile qui, à cheval, leur ouvre la route. Leur destination, la Puerta del Sol, kilomètre zéro des routes de ce pays qui doit marquer symboliquement la limite de leur parcours. Les voilà, ils arrivent enfin et bientôt, on les entraîne à l'ambassade de France où l'ambassadeur les reçoit avec tous les honneurs que l'on peut attribuer à ceux qui sont les premiers à avoir fait Paris-Madrid à bicyclette ! Quel exploit en effet en cette année 1893 que ce parcours entre les deux capitales par des routes impossibles, dans la poussière et le vent, sous le soleil de plomb de la vieille Castille, à raison d'étapes de 200 kilomètres par jour… Ils ahanent sur des bicyclettes françaises de marque Gladiator équipées de pneus Michelin qui, avec leur cadre en acier, n'avoisinent pas loin de quinze kilos, très loin des poids plume de nos vélos au cadre de carbone d'aujourd'hui !

Mais qui sont ces deux héros que la foule acclame ? Si Henri Farman est aujourd'hui connu comme étant devenu plus tard un extraordinaire pionnier de l'aviation, son comparse, Édouard, Casimir, Marie Gros de Perrodil est à ranger de nos jours dans la catégorie des inconnus. Et pourtant, cet homme-là mérite mieux que l'oubli dans lequel il est tombé. Perrodil, souvent désigné comme le poète à bicyclette, rédacteur de la rubrique cycliste au *Petit Journal* et au *Figaro*, était un inconditionnel de la petite reine. Originaire d'une vieille famille noble, il est né à Albi le 18 novembre 1860, rue Négo-Danos. Son père est polytechnicien et ingénieur ferroviaire. Après des études dans le Tarn, le jeune Édouard gagne Toulouse et Paris où il devient journaliste au *Moniteur universel*.

Comme beaucoup de gens des classes supérieures de l'époque, il se passionne pour le vélocipède à travers lequel il perçoit un vrai symbole de la modernité et du progrès, en ces heures où l'automobile n'a pas encore fait vibrer les foules. Perrodil n'est pas qu'un simple journaliste sportif. Sa passion le pousse à enfourcher le vélo et à mouiller la chemise. Le reporter se transforme en forçat de la route pour connaître l'intensité de l'aventure et la raconter à ses lecteurs. C'est ainsi que Perrodil va accomplir plusieurs courses cyclistes. Il fait deux fois le Paris-Bordeaux, et en 1892 termine 21ᵉ de l'épreuve. Ses articles dans *Le Figaro* ou *Le Petit journal* rédigés dans un style comico-épique sont des pépites de journalisme sportif. Il y conte ses exploits, les truffant d'anecdotes toutes drolatiques. À chaque étape, le forçat de la route ingurgite des quantités astronomiques de lait, de viande, et sacrifie ardemment au fameux pot belge qui utilise des boissons alcoolisées susceptibles de doper les performances. On voit mal le sportif d'aujourd'hui s'attabler au hasard d'une étape dans un café pour descendre illico presto une bouteille de vin au risque de se

Sur les routes de l'Europe avec un Gladiator ! ▲

faire suspendre aussitôt. Mais les mœurs sportives de l'époque ne sont pas celles de maintenant !

On ne saurait brocarder cependant leurs exploits car courir ainsi n'est pas de tout repos. Sur des routes qui sont des pistes, où les chambres à air, le boyau, éclatent régulièrement sur les cailloux, avec des machines dépourvues de vrais freins où le ralentissement s'opère par contre-pédalage, le pignon arrière étant fixe, rester maître de sa vitesse et de sa trajectoire relève de l'exploit. S'arrêter est problématique et nombreux sont les coureurs de l'époque qui, dans les descentes, traînent plusieurs fagots de bois accrochés à leur machine pour tenter de se ralentir. Eh oui, sur ces vélos préhistoriques très lourds, sans roue libre ni dérailleur, parcourir une centaine de kilomètres par jour sous un soleil de plomb demande plus que de la passion pour le vélo, une véritable dose de folie.

Dans le vent de face, la poussière et les orages, sous un soleil d'airain, avec au guidon des paquets de victuailles suspendus, il faut pédaler comme un forcené pour terminer l'étape où un préposé à l'intendance, arrivé par chemin de fer, s'est occupé pour les coureurs du gîte et du couvert. De ce Paris-Madrid de Perrodil et Farman, une course sur plus de 2000 kilomètres, le poète du guidon tire un livre époustouflant : *Vélo ! Toro Paris-Madrid à bicyclette en 1893*.

▲ *Édouard de Perrodil*

Enhardi par son succès madrilène, Perrodil conçoit en 1894 un Paris-Vienne, puis en 1895 un Paris-Milan et même en 1896 une traversée de l'Algérie intitulée *À travers les cactus*. Mais ce reporter gentleman à bicyclette, catholique bien élevé, ne rééditera pas ses exploits car l'attrait de la nouveauté s'émousse.

Cet aventurier voyageur, sportif aux performances indiscutables, reste un homme de conviction, conservateur de bonne souche. À l'issue de son exploit, le petit bonhomme à cheveux courts, les moustaches en guidon, les yeux cachés derrière ses lorgnons de myope, tente d'entrer en politique. Veuf, en 1898, il laisse l'éducation de ses deux filles à leur grand-mère et va s'établir dans le Lot-et-Garonne, à Ambrus, où il possède un domaine et un manoir. Candidat à la députation, sur une liste qui se veut sociale et religieuse, défenseur du sport qu'il considère comme un mode de régénération tout autant physique que moral, il échoue devant les électeurs de la circonscription de Nérac. Monsieur Cyclopède disparaît alors de l'actualité. Ce

Les toutes premières courses cyclistes en France

précurseur d'Alfred Jarry, à la plume digne d'un Antoine Blondin ou d'un René Fallet, s'éteint à Ambrus en 1931.

Aujourd'hui totalement oublié d'Albi comme du Tarn, ce sportif boulimique haut en couleur, cet hurluberlu qui pédale tel un forcené, mérite mieux que l'oubli où l'histoire l'a plongé. N'a-t-il pas fait reconnaître que le cyclisme était un bon remède contre la philosophie pessimiste et rampante d'un Schopenhauer ?

Émile Pinet-Laprade
Le fondateur de Dakar

Au cœur de la délicieuse bastide de Mirepoix en Ariège, dans le prolongement de l'avenue Jean-Durroux, entre la rue du maréchal Clauzel et la place du Rumat, une voie porte le nom de « Gouverneur Laprade ». Modeste hommage à un Ariégeois ignoré aujourd'hui qui écrivit pourtant une importante page du développement de la puissance française au XIXe siècle ! N'est-ce pas cet Émile Pinet-Laprade qui fonda la ville de Dakar aujourd'hui forte de plus d'un million d'habitants ? À une encablure de l'île de Gorée, tristement célèbre comme un des hauts lieux de la traite négrière, cette capitale historique de ce que l'on nommait au temps de l'Empire

Émile Pinet-Laprade, gouverneur du Sénégal

Français, l'Afrique Occidentale française (AOF) est aujourd'hui la métropole de la République du Sénégal moderne.

Émile Pinet-Laprade est né le 13 juillet 1822 à Mirepoix. Il est fils d'une honorable famille. Son père, Henry Isidore, est propriétaire terrien et sa mère Marie-Paule, née Petitpied tient un magasin de mode auquel est adjoint un atelier de couturières. Il a seize ans quand il quitte les siens pour rentrer au collège royal de Toulouse. Trois ans plus tard, en 1838, brillant élève, il intègre l'École Polytechnique d'où il sort en 1841 pour rejoindre l'école du Génie à Metz. Sa première garnison est à Montpellier, ce qui lui permet de venir régulièrement voir sa famille en Ariège et d'y retrouver Eugénie, la préférée de ses trois sœurs. Émile monte en grade rapidement. Ambitieux comme un Rastignac de province, muté successivement à Grenoble, Briançon, le voici sous-lieutenant puis lieutenant. Il vient d'être promu capitaine quand Louis Napoléon Bonaparte prend le pouvoir le 10 décembre 1848 comme prince président. Mais affecté à Champs-sur-Marne, garnison où il s'ennuie prodigieusement, Émile s'interroge comme beaucoup de jeunes officiers : puisque l'Empire c'est la paix, puisqu'il n'y a pas de guerre à l'horizon, où aller chercher l'aventure et la gloire sinon aux colonies et notamment en Afrique ?

Sa fiche de signalement militaire nous le décrit alors comme étant un officier de taille moyenne (1,70 m), ayant les cheveux châtains, les yeux marrons, le front bien découvert, doté d'une robuste constitution physique. D'un tempérament plutôt calme et nanti d'un solide appétit de la vie, Émile Pinet-

Planche botanique de l'arachide que voulut développer Émile Pinet-Laprade

Laprade sait être volontariste et aller jusqu'au bout de ses idées. L'homme n'est pas dépourvu de convictions politiques. Sensible aux idées du socialisme qui imprègnent l'air du temps, il demeure néanmoins prudent mais ne regrette guère la chute de la monarchie de juillet en 1848. Tel est l'homme qui débarque à 27 ans au Sénégal le 26 février 1849. Très vite, l'officier du Génie esquisse un programme de développement. À ses yeux, le temps n'est plus à une économie de comptoirs côtiers. L'intérieur du pays n'est-il pas riche ? Il faut exploiter ses forêts, étendre la culture de l'arachide.

Arrivé au Sénégal, Émile Pinet Laprade s'installe à Gorée et fait la connaissance de Marie Assar, une Sénégalaise de dix ans sa cadette. Aimable, attentionnée, souriante, ayant de l'entregent et sachant séduire, entre l'officier français et cette esclave fraîchement libérée par l'abolition de l'esclavage sous l'impulsion de Victor Schoelcher le 27 avril 1848, commence alors une liaison amoureuse de vingt ans. Elle sera sa gouvernante, son intendante, la gardienne de sa maison et sa compagne. Seule, la mort d'Émile, victime du choléra en 1869, viendra interrompre cette véritable union qui fait jaser entre un colonisateur blanc et une Africaine. Car même si Émile Pinet Laprade s'efforce de sauver les apparences en la faisant passer aux yeux de tous pour sa bonne, son couple illégitime est vu comme

Le boulevard Pinet-Laprade, à Dakar

une liaison scandaleuse pour l'époque !

Au Sénégal, Émile Pinet Laprade, en bon officier du génie, va tout à la fois mener des opérations militaires de pacification et édifier de nombreuses infrastructures pour développer l'influence française. S'il dirige ainsi des expéditions armées comme celle dans la région de Dimar contre des pillards qui attaquent les bateaux remontant le fleuve pour rançonner les commerçants, d'autres en Casamance et même au Gabon et jusqu'en Côte d'Ivoire, Pinet Laprade va aussi rebâtir le fort de Gorée, faire ériger à Dakar le phare des Mamelles. Très vite, lui qui nourrit l'ambition d'être un jour gouverneur, perçoit l'intérêt de construire un port à Dakar, suscitant ainsi l'opposition des commerçants de Saint-Louis et ceux de Gorée. Mais Émile n'est pas du style à se laisser mettre des bâ-

tons dans les roues. Son caractère de fer triomphe et en décembre 1856, le ministère donne son accord. Le 25 mai 1857, le drapeau français flotte sur le village de Dakar. C'est l'œuvre de sa vie !

Le 12 août 1858, Émile Pinet Laprade qui s'intéresse beaucoup à la vie économique du Sénégal, dessine le premier plan de Dakar qui succède au relevé effectué par Faidherbe cinq ans plus tôt, en 1853. Ce plan correspond à celui du centre-ville qu'on appelle le Plateau

▲ *Le fort de Gorée sur l'île du même nom, au Sénégal*

aujourd'hui. En récompense de son action et de son dévouement, notre Mirapicien est promu chef de bataillon le 24 décembre 1858 sur la recommandation de Faidherbe. Élevé au grade d'officier de la Légion d'honneur le 18 juin 1860, il est nommé lieutenant-colonel au début de l'année 1863. Désigné pour faire fonction de gouverneur par intérim, Émile Pinet Laprade occupe le poste quelques semaines pour remplacer Jauréguiberry dans l'attente de l'arrivée de Faidherbe. En 1865, le gouverneur Faidherbe ayant demandé son retour en France, Émile Pinet Laprade est nommé le 13 juillet par décret impérial gouverneur du Sénégal. Il va le rester jusqu'à sa mort.

En 1868, le choléra, une épidémie récurrente, touche le Sénégal. Marie Assar, sa compagne, a échappé à ce mal funeste et Émile, qui se sent en parfaite santé, caresse l'espoir d'être nommé général. Elle lui est de plus en plus dévouée et leur relation est fusionnelle. Le dimanche 15 août, Émile Pinet Laprade préside les cérémonies en l'honneur de l'empereur. Le soir, il se sent indisposé. Il a froid, transpire, vomit, tremble. Les traitements antispasmodiques classiques sont sans effet. Émile est hagard et le lendemain, le lundi 16, il est incapable d'aller au bureau. Alité, pris d'effroyables diarrhées, l'odeur qui émane de son corps est abominable. Marie le veille. Les symptômes s'aggravent dans la nuit. Toutefois, au cours de la journée du 17 août, le gouverneur semble aller beaucoup mieux. Hélas, vers 21 heures, son état empire brusquement. Un prêtre arrive pour recueillir ses derniers instants. Émile Pinet Laprade expire vers 22 heures, sans descendance. Enterré d'abord à Saint-Louis du Sénégal, l'Ariégeois qui fonda Dakar sera inhumé le 11 août 1872 à Mirepoix.

Éloi Pino

Djibouti pour la vie !

Les Catalans sont un peu comme les Bretons, ils aiment leur petite patrie mais sont capables de la quitter pour aller par-delà les mers écrire aussi les grandes pages de l'histoire de France. Éloi Pino, natif de Saint-Laurent-de-la-Salanque, en est un bon exemple.

Éloi Pino est né le 24 juin 1845 dans cette bourgade de 3800 habitants où la population vit de la terre en cultivant la vigne, ou de la mer comme pêcheurs ou marins. Il est originaire d'un milieu modeste, ses parents sont cafetiers. Mais sans doute chez ce jeune homme l'appel de la mer est-il plus grand que celui de la terre, car en 1878, à l'âge de 32 ans, nous le retrouvons à la barre d'une goélette, *l'Orénoque*, qui cabote en Méditerranée. L'aventure le tenaille et il entre au service de la maison Tramier, un gros négociant marseillais, qui le charge de faire la liaison avec la mer Rouge en empruntant le tout nouveau canal de Suez. L'année suivante, il est employé par la maison Lafarge et Cie de Marseille. Le voilà voguant vers l'Abyssinie mais son patron a des problèmes financiers et le licencie au début de 1882 alors qu'il est parti pour Aden.

Pas question pour lui de rentrer à Saint-Laurent de-la-Salanque, en France, pour y occuper un emploi plus tranquille. Éloi Pino a compris que l'on peut faire des affaires dans cette corne de l'Afrique. Il décide de s'installer à son propre compte. Le canal de Suez est une plaque tournante mondiale du négoce et il a des contacts avec les tribus abyssines et le roi Ménélik II à la hauteur de ses ambitions. Pino emprunte de l'argent et se lance dans le commerce des tissus et des armes. En mars 1884, sa première caravane s'élance sur les pistes pour traverser le désert à dos de dromadaire. Le voyage n'est pas de tout repos. La zone est hostile et les attaques des Somalis, fréquentes. Son chemin croise celui d'Arthur Rimbaud, le poète devenu trafiquant d'armes, avec qui il fait quelques affaires. Commerçant, aventurier, Pino n'en oublie pas les intérêts de la France. En 1885, il propose une étude des routes vers le Shewa à la société de géographie de Paris dont il est membre, recommandant la piste du Sud plutôt que celle du Nord.

En octobre 1885, il participe à une expédition militaire au Wallaga. En 1888, Éloi Pino a installé sa maison de commerce et ses entrepôts sur un lieu-dit nommé Djibouti, un bout de côte qui vient d'être cédé à la France et sur lequel il fait flotter le drapeau tricolore deux ans avant l'arrivée du premier gouverneur. Mais notre Catalan n'en oublie pas pour autant ses racines et son pays natal. Alors que les premiers établissements commerciaux se réalisent sur la côte nord du plateau de Djibouti, il se marie le 21 octobre 1891 avec Thérèse Fourcade, la fille d'un viticulteur de Maureillas. Thérèse n'a jamais quitté son pays natal mais qu'importe ! Sans hésiter, elle embarque avec son époux pour Djibouti où ils arrivent le 27 novembre. Le Djibouti de l'époque, ce sont des autochtones qui ont construit des huttes autour de son établissement, embryon de la future ville. La factorie

L'empereur Menelik II, à Addis-Abeba, capitale de l'Éthiopie

d'Éloi Pino, premier bâtiment en dur construit en madrépore, une pierre volcanique noire, construction actuellement occupée par les établissements Marill, fait figure de point d'ancrage au développement selon un plan en damier de ce qui est aujourd'hui le centre-ville historique.

Éloi Pino a le sens des affaires et de la famille. Il fait venir son neveu Albert pour l'aider et lui confie le dépôt d'Ankober tandis que son ami et associé Auguste Brémond, qui lui aussi a transféré ses activités commerciales à Djibouti, gère celui de Harar. Son frère Honoré est aussi dans l'affaire et il échange avec lui des messages en catalan pour que nul ne puisse se mettre en travers de leur entreprise ! Éloi Pino est au cœur des convulsions politiques qui secouent alors la corne de l'Afrique. Il est proche du roi Ménélik II à qui il fournit les armes qui lui permettent d'annexer l'Érythrée, la Somalie et le Soudan, se taillant ainsi un vaste empire. En ces temps où la France est une grande puissance coloniale en Afrique, Éloi Pino est un pion très actif dans la diplomatie française.

Conscient que la région est stratégique pour la France, il n'hésite pas à payer de sa personne. Une livraison de fusils manque de lui coûter la vie. Le ressort et le percuteur des armes sont défectueux. Qu'à cela ne tienne ! Retenu en otage par le gouvernement qui s'estime lésé, Éloi écrit à son frère François, à Saint-Laurent-de-la Salanque, pour lui demander l'envoi d'une nouvelle cargaison de ressorts et de percuteurs. De l'Abyssinie à la Salanque, autant lancer une bouteille à la mer ! Mais le courrier arrive après un long trajet à dos de chameau et par bateau. Et François embarque bientôt pour Djibouti avec les pièces de rechange. Néanmoins, le voyage manque de tourner court.

Le canal de Suez à peine franchi, la cargaison est arraisonnée par un navire italien. François y va au bluff. Il étale le drapeau tricolore et menace le capitaine d'un incident diplomatique. L'Italien cède

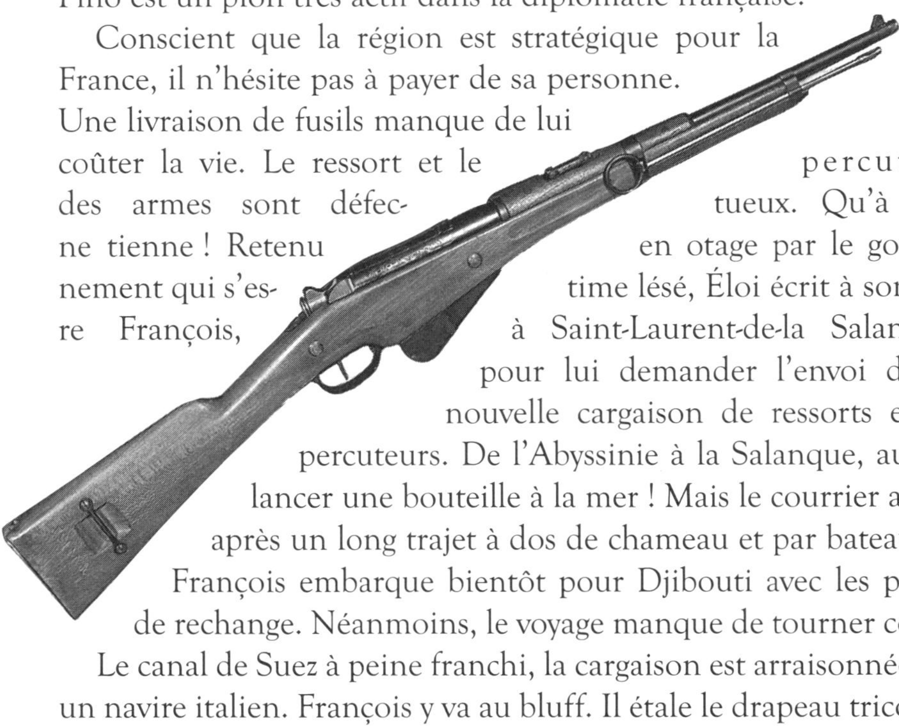

▲ *Fusil français des années 1890*

et laisse repartir le bateau avec sa cargaison de ressorts et de percuteurs qui, une fois livrés, permettent la libération d'Éloi.

Mais l'aventure a aussi des jours noirs. Le financier de l'entreprise, le grand ami Olive, part avec la caisse en mars 1892 et Auguste Brémond, le fidèle, meurt du typhus ou du choléra le 6 juillet. Les relations avec les autres associés se tendent, même avec le propre frère d'Éloi, Honoré. Bientôt, il faut se résoudre à dissoudre la société devant le tribunal de Marseille. Mais Éloi Pino ne s'avoue pas vaincu. Il rachète tous les actifs possibles et crée une nouvelle société baptisée « Éloi Pino, Djibouti et Ankober ». En 1894, le 30 mars, Joséphine Fourcade, sa belle-sœur, épouse un jeune homme de Sainte-Marie-la-Mer, Joseph Garrigue. Joséphine écrit à Thérèse pour lui demander s'il y a des opportunités sur une implantation à Djibouti. Éloi propose alors à son nouveau beau-frère la direction de l'hôtel des Arcades qu'il vient de faire construire sur place ainsi qu'une association dans les affaires commerciales. À quatre Catalans, ce sera plus facile. De temps en temps, Éloi rentre désor-

L'hôtel des Arcades à Djibouti

mais au pays pour soigner ses rhumatismes.

Alors que la France, en organisant ses conquêtes de la corne d'Afrique sous le nom de « Côte française des Somalies », Éloi Pino, qui a suivi de près le dénouement de l'aventureuse mission Marchand, à Fachoda, meurt le 18 mai 1907, dans le mas qu'il s'est fait construire à Saint-Laurent-de-la-Salanque. Sur sa tombe, figurent gravés et presque illisibles aujourd'hui, simplement les mots « Capitaine au long cours et Fita Ouarari » (titre officiel de grand chef de guerre accordé par le roi Ménélik II correspondant au grade de colonel), modeste témoignage de reconnaissance à celui qui créa l'un des grands points clé de la géopolitique d'aujourd'hui.

Rouquayrol et Denayrouze
Premiers de plongée !

Si la conquête des airs a toujours exalté l'imagination des hommes, celle du milieu sous-marin n'est pas en reste. Un monde bien mystérieux qui occupe quand même les trois-quarts de notre planète ! Aussi n'est-il pas étonnant que cet univers ait nourri tous les fantasmes. De combien de monstres, de sirènes, de légendes, n'a-t-il pas été le terrain ? Ce que Cousteau appellera plus tard « le monde du silence » est resté pendant très longtemps hors de la portée des hommes. Pourtant, ceux qui en ont permis la meilleure connaissance, initiateurs de grandes découvertes de la biologie marine, des gisements pétrolifères et des champs de nodules polymétalliques, (cuivre, nickel, cobalt, fer...) étaient deux terriens bien enracinés... dans leur pays aveyronnais !

C'est en effet dans la région de Decazeville que Benoît Rouquayrol et Auguste Denayrouze sont nés. L'aventure sous-marine commence ainsi au milieu du XIXe siècle mais paradoxalement sous terre. Benoît Rouquayrol, né le 13 juin 1826, à Espalion, dans l'Aveyron, devenu ingénieur après son passage par l'École des mines de Saint-Étienne en 1850, entre à la compagnie des Houillères et Fonderies

de l'Aveyron dont il devient bientôt le directeur. À l'époque, dans les mines, les problèmes de sécurité sont les coups de grisou. Comment espérer ranimer les victimes de ces gaz nocifs ? Attendre la ventilation des galeries est trop tardif. Rouquayrol conçoit en 1860 un appareil respiratoire portatif qui possède une réserve d'air comprimé avec deux tuyaux, l'un pour respirer l'air, l'autre pour le rejeter, ce qui permet aux sauveteurs de pénétrer dans les galeries envahies par ces émanations mortelles pour porter secours aux mineurs. Il dépose alors un brevet et présente son invention à l'exposition de Nîmes en 1863 où il reçoit la médaille d'or « en récompense des services extraordinaires rendus à l'art des mines par son appareil de sauvetage ». Rouquayrol ne se

▲ *1860 : illustration de l'appareil respiratoire conçu par Rouquairol pour sauver les mineurs touchés par le coup de grisou*

doute pas que, au-delà de la pluie de récompenses pour son appareil révolutionnaire, cette invention va permettre l'exploration des mers et des océans !

Tout va être rendu possible par un autre Aveyronnais, Auguste Denayrouze. Il est né le 1er octobre 1837, dans le hameau de Giscard, sur la commune de Montpeyroux. Reçu en 1852,.à 15 ans, à l'École Navale, le voici dix ans plus tard promu lieutenant de vaisseau, embarqué pour une expédition en Cochinchine. Hélas, le jeune officier y contracte une grave maladie qui le rend inapte au service en mer. Il se repose à Espalion et y rencontre Benoît Rouquayrol. Emballé par le procédé du scaphandre, il comprend vite que l'appareil est appelé à avoir un grand avenir dans le domaine maritime. Denayrouze y voit la possibilité d'adapter un régulateur. Le scaphandre peut se décliner en deux versions dont une dite de haute pression où, grâce à une réserve d'air pressurisé à trente kilos, le plongeur atteint une autonomie d'une demi-heure à dix mètres de profondeur. Pour protéger le corps du froid, les deux hommes inventent un habit étanche en toile caoutchoutée qui se complète par des semelles de plomb de huit kilos chacune. Toutefois, dans cette première version, rien n'est prévu pour protéger les yeux... L'ancien officier de marine investit ses deniers personnels pour améliorer ce scaphandre moderne et les premières expérimentations ont lieu dans la rivière le Lot, sous le vieux pont à arches d'Espalion.

Les tests sont concluants. En 1864, il est ainsi établi que pour la première fois dans l'histoire, un homme peut se déplacer sous l'eau sans aucun lien avec le monde atmosphérique, délaissant le système ancien de la cloche à plongeur, de la pompe et de ses tuyaux qui envoyaient de l'air dans le casque de l'homme sous l'eau. Désormais, l'air comprimé qui sort du réservoir porté par le plongeur est amené automatiquement à bonne pression par une membrane en caoutchouc. C'est le plongeur qui commande par sa respiration le fonctionnement de l'ensemble. Les deux hommes déposent alors leur brevet pour un premier scaphandre autonome fournissant l'air à la demande. La même année, la marine nationale française homologue l'appareil.

C'est en 1865 que les inventeurs aveyronnais conçoivent un masque facial en cuivre adaptable à l'habit, qu'ils nomment groin, doté d'un embout buccal et d'un robinet d'évacuation de l'air vicié. En février 1865, les deux hommes créent une société pour commercialiser leur invention. Présenté à l'exposition universelle de Paris en 1867, l'appareil Rouquayrol-Denayrouse obtient la médaille d'or. Grâce à ce scaphandre performant, leur entreprise connaît une prospérité sans précédent. Toutes les marines du monde se l'arrachent. Les Anglais, les Italiens, les Espagnols, les Russes, les Japonais et même les Américains font appel à cet équipement. La liste des clients grossit d'année en année et la découverte du milieu marin fait un bond de géant.

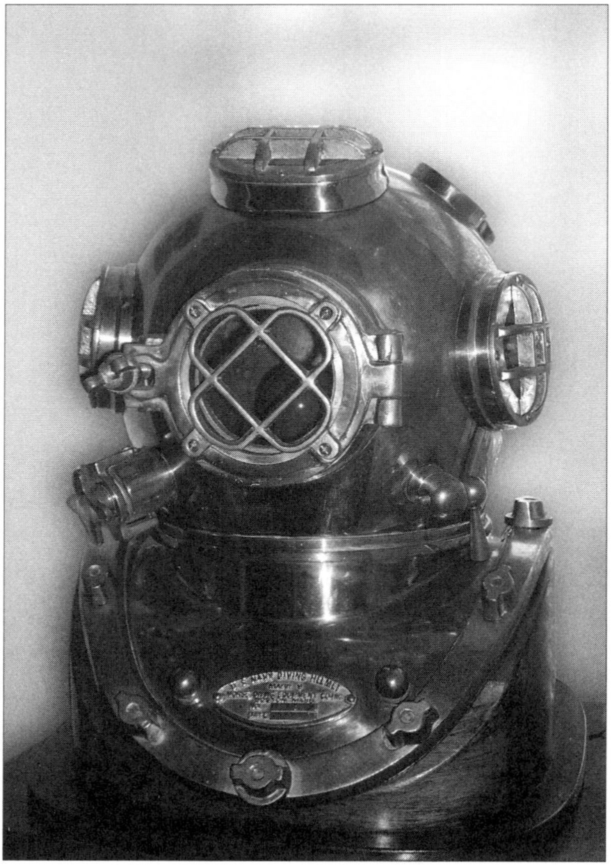

Jules Verne, qui a assisté à l'exposition universelle, découvre avec enthousiasme cette invention. Il en équipe les hommes du capitaine Némo du Nautilus dans son roman, *Vingt mille lieues sous les mers*, qui parait la première fois en 1869. Toute une série de brevets et d'améliorations déposés par les deux hommes perfectionnent peu à peu le scaphandre. Si Benoît Rouquayrol disparait en novembre 1875 à l'âge de 49 ans et Auguste Denayrouze en 1883, à 46 ans,

▲ *L'un des tout premiers scaphandres modernes (années 30)*

leur invention demeure le fruit d'une collaboration aussi féconde que celle du commandant Cousteau et d'Émile Gagnan, ingénieur pour la firme Air liquide, qui seront les dignes successeurs de ces deux Aveyronnais oubliés de l'Histoire. Améliorant leur invention, ils commercialiseront ainsi un nouveau scaphandre leur assurant fortune et gloire.

Paul Roussenq
L'Inco. Matricule 37 664

Il est des révoltés qui vivent pour l'image que leur révolte porte. Paul Roussenq, dit l'Inco (l'incorrigible), a laissé ainsi le souvenir d'un bagnard hors du commun qui passa la moitié de sa vie au cachot, condamné pour des délits mineurs ou ses opinions libertaires. Mais qui aujourd'hui se souvient encore de cet éternel insoumis ?

Le grand reporter Albert Londres, envoyé en Guyane par son journal en 1923 a témoigné de ce diable de type. Quand la porte d'une cellule obscure au bagne s'ouvre en grinçant, le journaliste distingue un individu hagard et squelettique dressé sur un bat-flanc qui lui lance : « Tiens, un homme ! » en guise d'entrée en matière. Le reporter, qui s'était procuré le volumineux dossier de ses exploits, découvre ainsi un curieux personnage et contribue à faire connaître son cas et les horribles conditions de détention des bagnards d'alors. Mais qui était ce Paul Roussenq, révolté professionnel, qui crachait sur l'humanité et l'ordre établi ?

Roussenq est né le 28 septembre 1885 à Saint-Gilles, dans le Gard, une petite ville de 5 500 habitants, en bordure de la Camargue. Il est le fils unique d'un ouvrier agricole. L'enfant qui grandit dans un foyer modeste est très intelligent mais déjà rebelle. À 14 ans, il a lu les 19 volumes de la géographie universelle d'Élisée Reclus. Influencé par la lecture d'ouvrages anarchistes, il se politise rapidement et rompt avec sa famille à l'âge de 16 ans pour une broutille. Le grand regret de sa vie sera d'ailleurs de ne jamais avoir revu ses parents vivants. Le baluchon sur le dos, Roussenq part à l'aventure, goûtant l'ivresse de la liberté au grand soleil. Mais rapidement, il se trouve sans le sou. Quelques fruits maraudés et une allure de clochard le conduisent bientôt au poste de police. Le 6 septembre 1901, le tribunal d'Aix-en-Provence le condamne à six mois de prison avec sursis pour vagabondage.

De mois en mois, d'autres peines bénignes vont s'ajouter pour vols et voyages en chemin de fer sans billet. Le 5 mars 1903, il est sur le banc des accusés à Chambéry, jugé pour chapardage. L'avocat général demande l'incarcération de ce jeune récidiviste qui n'a pas encore 18 ans mais l'adolescent se révolte et lance à la tête du magistrat un quignon de pain dur qui traînait dans sa poche ! Fou de rage, l'homme de robe le condamne dans l'heure à cinq ans de prison ferme. La vie de Paul Roussenq vient de basculer. Il est incarcéré à la centrale de Clervaux dans l'Aube et le 8 octobre 1907, celui qui s'est forgé une haine tenace contre toute autorité est incorporé à sa sortie de prison au 5e bataillon d'Afrique, basé à Gabès en Tunisie, les redoutés Bat'd'Afs, un corps disciplinaire réservé aux repris de justice, aux fortes têtes. Le Languedocien est totalement

L'incorrigible Paul Roussenq ▲

réfractaire à toute autorité. Les coups, les brimades, les punitions, rien ne le fait plier. Un jour, il met le feu à ses vêtements et à sa cellule. Cette insubordination lui vaut le 5 mai 1908 d'être condamné par le Conseil de guerre à vingt ans de travaux forcés en Guyane.

Sept mois plus tard, il embarque avec 600 autres forçats sur *la Loire*, le bateau qui l'amène vers les côtes guyanaises. La traversée est épouvantable. Le 13 janvier 1909, il débarque aux Îles du Salut et se voit attribué à 23 ans le matricule 37 664. Considéré comme un dangereux anarchiste, il est incarcéré sur l'Île Royale, dans l'archipel des Îles du Salut, un bagne dont on ne s'échappe pas. Là, Roussenq va rapidement gagner le surnom de l'Inco car il refuse obstinément de se soumettre aux règles de l'administration pénitentiaire. Logés dans des baraquements insalubres, traités comme des animaux, les

hommes meurent en masse dans la chaleur suffocante et une absence d'hygiène qui favorisent paludisme et dysenterie.

Rebelle à tout travail, Roussenq refuse de plier et son attitude l'entraîne à passer des jours et des jours au cachot. Sur les 70 000 bagnards que le bagne a connus en un siècle, il est ainsi celui qui détient le record absolu de peines. 4 119 jours de cachot, soit 11 ans et

▲ *Illustration de bagnard au cachot, les fers aux pieds*

3 mois à croupir dans un réduit insalubre, plongé dans une obscurité totale, les fers aux chevilles, nourri un jour sur trois ! Roussenq frôle la folie. Les punitions le grisent mais ne le font pas plier.

La parution du livre d'Albert Londres, *Au bagne*, en 1923, fait l'effet d'une bombe. L'horreur des traitements imposés à des hommes comme Roussenq suscite de vives réactions dans l'opinion publique. Soutenu par le Secours Rouge International, une organisation caritative d'extrême-gauche, par le Parti communiste français, la pression de la rue va permettre la grâce du condamné. Le 6 août 1932, un décret ministériel autorise son retour en France. Quand Roussenq débarque au Havre, l'homme de 1 mètre 75 ne pèse plus que 50 kilos. Voûté, le visage parcheminé, épuisé, il retrouve avec émotion le 16 janvier 1933 son village natal et ses amis d'enfance qu'il a quittés 25 ans plus tôt. Son premier geste sera d'aller se recueillir sur la tombe de sa mère, décédée deux ans auparavant sans avoir pu serrer dans ses bras son fils chéri.

Roussenq est devenu le symbole de l'oppression et le Secours Rouge International lui a préparé toute une série de conférences dans le sud de la France pour qu'il raconte son effroyable expérience. En août 1933, il fait partie d'une délégation du Parti communiste envoyée en URSS mais l'homme libre qu'il est et qu'il reste n'est pas dupe. De retour, il dénonce les déportations en Sibérie, la misère des ouvriers soviétiques, la Guépéou, la police secrète de Staline. Aux yeux des responsables communistes, son témoignage est impubliable. Il doit être discrètement expurgé, ce qui provoque la rupture de Roussenq avec le PCF.

Roussenq s'installe alors à Aimargues, dans le Gard, en 1934, dans un mazet, une cabane de vigne, avec l'appui d'un petit groupe d'anarchistes. Le soir, il raconte ses aventures, publie quelques articles dans le journal anarchiste *Terre libre* de Nîmes mais cette existence convient mal à celui qui a soif de voyages. Un beau matin de 1935, sans prévenir ses amis, l'homme libre abandonne ses poules, ses lapins, son mazet et comme à l'âge de ses 16 ans, reprend la route, s'improvisant colporteur en articles de mercerie. Une vie de galère mais une vie de liberté. Anarchiste, il est suspect et pendant la Seconde Guerre mondiale, le gouvernement de Vichy l'interne comme prisonnier politique au camp de Sisteron, dans les Alpes-de-Haute-Provence. Il reste là trois ans et en profite pour écrire *L'enfer du bagne*, où il consigne avec douleur son histoire.

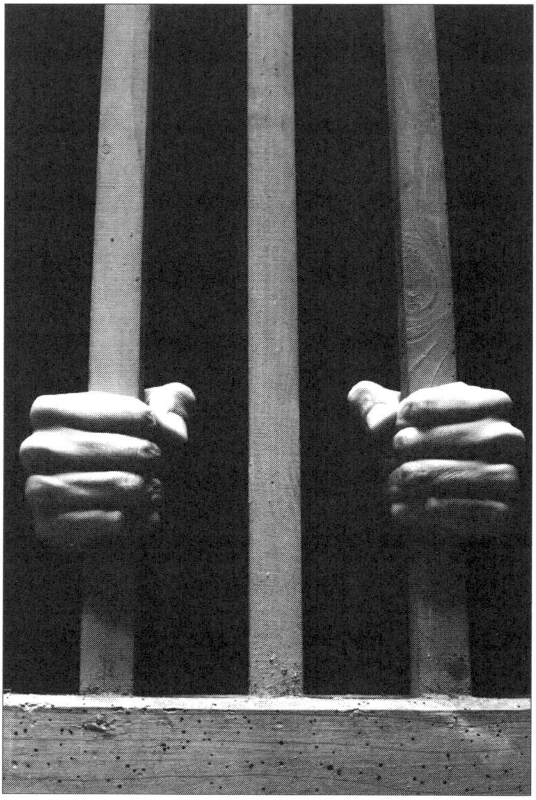

Libéré en 1945, Paul Roussenq est épuisé, amaigri. Ses jambes ne le soutiennent plus. Il ne peut reprendre son itinérance de colporteur alors il prend le train, bien souvent sans le payer, ce qui lui vaut amendes et condamnations. L'homme est au bout du rouleau. « *Il est usé par 25 ans de bagne, traqué et jeté en prison par tous les Javert de France, malade, acculé désormais à rouler d'un hôpital à un autre sans espoir de guérison* », écrit son ami d'Aimargues, Élisée Perrier. Usé, Roussenq se suicide le 3 août 1949 en se jetant dans l'Adour, à Bayonne, pour aller, écrit-il dans sa dernière lettre, « *chercher le grand remède à toutes les souffrances, la mort* ». On retrouve son corps le 6 août et il est enseveli au cimetière Saint-Jean de Bayonne avec une simple épitaphe : « *Paul Henri Roussenq, indigent* ». Ainsi finit le bagnard le plus rebelle de Cayenne dont l'histoire a oublié le nom.

Henry Russell
L'apôtre du pyrénéisme

Une statue à Gavarnie, une autre au château fort de Lourdes, quelques noms de rues dans les villes du piémont pyrénéen, un pic dans le massif de la Maladeta, rendent aujourd'hui hommage à celui qui fut, à la fin du XIXe siècle, l'apôtre du pyrénéisme. Pourtant, rien ou presque ne prédestinait ce Français d'origine irlandaise à devenir l'un des pionniers de la conquête des Pyrénées en accomplissant une bonne trentaine de « premières » entre 1858 et 1885, arpentant la chaîne pendant plus de cinquante ans.

Henry-Patrice-Marie Russell-Killough voit le jour le 14 février 1834 à Toulouse, rue du Cheval blanc, où son père, 25e baron de Killough, né en Irlande en 1798, descendant en ligne directe d'un compagnon de Guillaume le Conquérant, s'était installé en 1820, quittant son pays natal car ce catholique fervent refusait de se convertir au protestantisme. Sa mère, née comtesse Flamarens, est originaire de l'aristocratie gasconne, d'une grande famille de la noblesse du sud-ouest, héritière de Pierre-Paul Riquet, le constructeur du Canal du Midi. Les redevances de cette mythique voie d'eau vont permettre aux Russell une aisance financière certaine, nantis du titre de comte romain par le pape Pie IX.

Henry Russell connaît une enfance heureuse marquée par de nombreux déménagements. La famille habite un temps à Paris, voyage en Suisse, en Italie. Il découvre les Pyrénées quand ils s'installent à Pau. Sa mère l'entraîne dès l'âge de 6 ans dans des excursions, à Cauterets, dans la vallée de Campan… Russell fait d'excellentes études au collège de Pons puis à celui de Pontlevoy, dans le Loir-et-Cher. Il y découvre la pratique du violoncelle. En 1851, la famille s'établit brièvement en Irlande pour que les enfants bénéficient d'une double éducation. Russell y poursuit des études de philosophie jusqu'en 1852, puis de chimie. L'été, il séjourne au bord de la mer, passe ses journées à contempler la nature, bercé par les lectures de Victor Hugo. Braver les vagues, les rafales de vent et la pluie, seul face à ces paysages sauvages de l'Irlande, le remplit de bonheur.

Henry Russell

Revenu en France en 1855, une rencontre à Biarritz va bouleverser sa vie : Russell s'éprend d'une jeune anglaise, Maud, fille d'un pasteur anglican. Si la passion est partagée, les deux familles refusent cette union, leurs religions étant inconciliables. Dans ce chagrin d'amour, Henry Russell va puiser le carburant de son désir d'absolu. Si cette union avec Maud est impossible, il épousera les Pyrénées ! Le jeune comte manifeste une âme romantique et iconoclaste. Il choisit le plus haut sommet des Hautes-Pyrénées, le Vignemale, 3 298 mètres, pour annoncer ses noces avec la montagne. Désormais majeur, Russell obtient la nationalité française. Pour échapper à la conscription, il paye un remplaçant pour effectuer son service militaire. « Fatigué de l'Europe », tenaillé par un désir profond de découvrir le monde, il s'embarque en 1856 pour l'Amérique latine.

Pendant trois ans dans la marine marchande, ce grand voyageur va parcourir 65 000 kilomètres de l'Amérique du Nord à l'Asie, de l'Asie à l'Océanie. La fortune et les relations de ses parents permettent à ce dandy explorateur de se rendre à Saint-Pétersbourg, à Pékin, de traverser deux fois le désert de Gobi, de découvrir Melbourne, Ceylan, Calcutta... Jules Verne ne s'inspira-t-il pas de ses récits de voyage pour écrire *Le tour du monde en 80 jours* ? Lassé de la discipline trop stricte des navires, il revient en 1861 dans les Pyrénées. Dès lors, seul ou avec des guides, jouissant d'une belle fortune personnelle, il consacre sa vie à l'exploration de la montagne. Installé l'été à l'Hôtel des voyageurs à Gavarnie, il gravira 33 fois le Vignemale, réalisant seul l'escalade du Pic du Canigou, du Pic de Perdiguère, n'hésitant pas à entreprendre des ascensions hivernales. Pour passer les nuits en haute montagne, il invente le sac de couchage en peau d'agneau cousue.

Le 19 août 1864, avec ses amis Charles Packe et Émilien Frossard, il fonde à Gavarnie la première société de montagnards, la société Ramond. Elle fonctionne selon le modèle de l'Alpine club de Londres. Russel accomplit la plupart des grandes courses pyrénéennes, conquérant l'Aneto, le Posets, le Balaïtous. Ces ascensions ne sont pas sans risques. En juillet 1865, par une nuit glaciale, il est obligé, sur l'Aneto, avec son guide, de s'attacher à l'une des trois tourelles pour ne pas rouler dans le vide. Russell conquiert tous les sommets des Pyrénées. Il réalise de nombreuses « premières ». Invité en 1866 à découvrir les Alpes par un ami d'enfance, il gravit le Mont-Blanc, puis le Breithorn en Suisse, à 4163 mètres. Mais ce voyage renforce sa préférence pour les Pyrénées.

Toutes ces courses hivernales l'ont convaincu que le froid et l'humidité sont des obstacles majeurs aux grandes ascensions. Russell, qui souhaite se fixer sur le Vignemale pour en faire sa résidence, décide de faire creuser à ses frais sept grottes à des altitudes différentes, pour ne pas défigurer la montagne par des constructions

sauvages. Ainsi, pourra-t-il passer ses quartiers d'été au-dessus des 3 000 mètres d'altitude. À la barre-à-mine et à l'explosif, il fait percer la première grotte le 1e août 1882 au col de Cerbillona à 3 195 mètres. La « villa Russel » mesure 3 mètres de long, 2,50 mètres de large et 2 mètres de haut. Bénie par le curé de Gèdre le 12 août 1884, la grotte est équipée et aménagée. Désormais, depuis cette base de départ, gravir la Pique longue ne lui prendra qu'une dizaine de minutes.

En 1885, il fait creuser une deuxième grotte, puis une troisième, toujours plus haut, en 1886. Le 5 décembre 1888, il demande au préfet des Hautes-Pyrénées de lui concéder 200 hectares sur le Vignemale, location pour 1 franc symbolique, et une durée de 99 ans. Son extravagante demande est accordée... À la lueur des chandelles, dans un confort spartiate, Russell organise là des réceptions mondaines et somptueuses. On y déguste des vins fins, on y savoure la sole à la dieppoise, on y fume le cigare ! Chacune de ces grottes est fermée par une porte en fer. Les clés sont à ses initiales. En 1892, il fait creuser sa dernière grotte, la grotte du Paradis, qui offre un

▲ *Le sommet du Vignemale*

point de vue superbe sur le Mont Perdu et les sommets tout autour. Sa 33e et dernière ascension du Vignemale, Russell la fait le 8 août 1904, à l'âge de 70 ans.

Ce gentleman aventurier, inventeur des refuges, pionnier de l'ouverture de la montagne au grand public, excentrique, est légitimement considéré comme le fondateur du pyrénéisme. Écologiste avant l'heure, celui qui rejette les constructions de pierre pour ne pas défigurer la montagne remet les clefs de ses grottes en 1909 à un autre illustre grimpeur, Saint-John Perse, futur lauréat de littérature. Henry Russell meurt à Biarritz le 5 février 1909 à l'âge de 74 ans. Si la grotte du Paradis sert toujours occasionnellement d'abri aux montagnards, une plaque en hommage à cette légende vivante y a été apposée. Elle permet de se souvenir de cet ermite qui avait épousé la montagne, faute de pouvoir vivre avec la femme de sa vie.

Henry Russell dans son sac de couchage

Camille Soula

De la physiologie à la défense de l'Occitanie

Le douloureux hiver n'est plus qu'un mauvais souvenir ce 6 avril 1963 et un soleil aussi frais que timide baigne la côte méditerranéenne d'une lumière printanière. Dans les allées du petit cimetière de Leucate, à l'ombre paisible des cyprès que le vent marin fait frissonner, une interminable procession avance lentement en suivant le corbillard. Dans le silence et le recueillement, le long cortège des amis et des collègues accompagne à sa dernière demeure celui qui fut non seulement un grand professeur de physiologie mais aussi un humaniste, un grand résistant, un poète occitan et un immense artiste, Louis Camille Soula.

Soula ! Voilà un nom qui fleure bon l'Ariège. Louis Camille Soula est en effet né à Foix le 6 mai 1888, sixième enfant d'une famille originaire de Montégut-Plantaurel dont les ancêtres furent maires de père en fils sans discontinuer au XVIIIe et XIXe siècles. Chez les Soula, on a la République chevillée au corps : son grand-père, Guillaume Soula, inspecteur d'académie, n'a-t-il pas contribué à installer la République en Ariège après avoir décapité à Artix la statue de Napoléon III à coup de sabre ? Son propre père, Théodote, directeur de l'hôpital de Foix, n'est-il pas un grand ami et un fervent soutien de Théophile Delcassé[1] ?

Après son baccalauréat au lycée de Foix, Louis Camille Soula entreprend des études médicales à Toulouse. Externe, puis interne, il

1. Homme politique français de la IIIe République, originaire d'Ariège, grand artisan du rapprochement de la France et du Royaume-Uni qui aboutit à la signature de l'Entente cordiale

est lauréat de la Faculté des sciences et de médecine. En 1912, Soula soutient brillamment une thèse dirigée par le professeur Jacques-Émile Abelous, un médecin étiqueté alors républicain de gauche, avant d'être nommé cette même année, chef de travaux en physiologie. Le 2 août 1914, à l'instar de centaines de milliers de Français, Soula est mobilisé. Pendant toute la guerre, il sert comme médecin de corps de troupe d'abord au 57ème régiment d'artillerie de campagne puis au 90ème régiment d'artillerie lourde. Blessé à deux reprises, il fait preuve d'un immense courage qui lui vaut d'être cité à l'ordre du 2ème corps d'armée et décoré de la Croix de guerre. Le 10 décembre 1918, le conflit terminé, il retrouve ses activités universitaires.

Reçu à l'agrégation de médecine en 1920, Soula déploie une intense activité de recherche. Il met ainsi au point un sphygmographe, appareil permettant d'enregistrer les variations de la pression artérielle, travaille sur le rôle physiologique de la rate, étudie le cholestérol, analyse l'action du camphre, s'intéresse à la régulation glycémique... En 1934, quand le professeur Abelous prend sa retraite, Soula lui succède comme titulaire de la chaire de physiologie. À ce poste, il publie près de 250 articles et fonde l'Institut Régional d'Éducation Physique et Sportive. Proche de grands physiologistes de son temps comme Ivan Pavlov ou Charles Sherrington, Camille Soula, fustigeant le mal français, se bat avec fougue tout au long de

Le médecin Camille Soula en 1925 ▲

sa carrière universitaire contre la pauvreté de la pensée et l'immobilisme des milieux scientifiques officiels. En avance sur son temps, ce grand visionnaire pressent l'expansion et la mondialisation de la vie scientifique.

À cette intense activité universitaire s'ajoute un engagement social sans faille. Si durant toutes ces années, Camille Soula travaille avec Abelous, leurs trajectoires politiques divergent complètement dans les années trente. Alors que son maître rejoint les rangs de l'Action Française, Camille Soula, franc-maçon, scientifique engagé, se reconnaît dans les idées du front populaire. Il soutient activement Léon Blum et prend fait et cause pour la République espagnole.

Lors de la Retirada, Soula accueille chez lui, au 17 rue Montplaisir, à Toulouse, de nombreux scientifiques espagnols exilés comme son collègue physiologiste Juan Négrin, chef du gouvernement de la République. Camille Soula, qui est aux antipodes de l'idéologie du régime de Vichy, entre dès la première heure en résistance à la barbarie nazie. Le 30 avril 1942, il est démissionné d'office. Avec Jean

▲ *Enfants espagnols au cours de la Retirada*

Cassou, Joseph Ducuing, Sylvio Trentin, il fonde le groupe « Libérer et fédérer ». Avec l'aide de Jacques Ruffié dont le père est notaire à Limoux, Camille Soula camoufle des aviateurs anglais en leur donnant l'identité de malades de l'hôpital psychiatrique, organise des chaînes d'évasion, aide de nombreux juifs à passer en Espagne, cache les œuvres d'art de ses amis. Son activité lui vaut d'être arrêté par la Gestapo le 2 février 1943 et emprisonné pendant quatre mois. Libéré, refugié à Rieumes, il fait partie brièvement du Comité de Libération de Toulouse sous la conduite de Pierre Bertaux avant de retrouver ses fonctions universitaires en septembre 1944.

Personnalité scientifique écoutée, homme de culture et de grand savoir à l'esprit fulgurant, Soula est après la guerre membre du Conseil Économique et Social de 1951 à 1959. Auteur de très nombreux rapports sur l'état de la recherche scientifique et technique, ses activités ne se limitent pas à la médecine. Ami de Pablo Picasso, de Fujita, de François Desnoyer ou de Marc Saint-Saens, Soula se délasse par la peinture d'aquarelles sur son ordonnancier, inspiré par les paysages de la méditerranée ou le canal du Midi. Mais le médecin, ami du poète Antonin Perbosc, a toujours été aussi un

Péniches sur le canal du Midi à Toulouse, aquarelle de Camille Soula

fervent régionaliste. En 1945, avec Jean Cassou, René Nelli, Max Rouquette, Félix Castan, Tristan Tzara, Ismaël Girard et Robert Lafont, il fonde l'Institut d'Études Occitanes pour permettre le développement de l'usage de la culture et de la langue occitane dans tous les milieux.

Commandeur de la Légion d'honneur, fondateur du Laboratoire de Physiologie du Travail, l'infatigable Louis Camille Soula meurt à Paris le 3 avril 1963 à l'âge de 75 ans. Si un centre médico-sportif dans le 13eme arrondissement à Paris, une allée sur l'île du Ramier à Toulouse portent aujourd'hui son nom, nombreux sont sûrement les Ariégeois à avoir oublié cet illustre scientifique qui se doublait d'un grand humaniste.

Laurent Tailhade
Le libertaire révolté

Si l'on cherche des hommes qui se servent du verbe comme d'une arme pour sabrer ce que la morale bourgeoise érige, il faut absolument rencontrer Laurent Tailhade, artiste pamphlétaire et anarchiste qui défraya si souvent la chronique par ses écrits sulfureux quand ce ne fut pas par ses actes. Cet agitateur, pamphlétaire assuré, franc-maçon singulier, dreyfusard incendiaire, qui éructe sur la société de la Belle Époque, fracassante personnalité du Paris des lettres, mérite mieux que l'oubli dans lequel l'Histoire l'a plongé. Passe encore que cet énervé écrivit la chanson paillarde *Les filles de Camaret* pour se venger des curés et de leur eau bénite, mais oser jeter un pot de

Portrait de Laurent Tailhade (1880)

chambre et sa merde depuis la fenêtre de son hôtel sur une procession religieuse, voilà qui, au-delà du scandale, fait remarquer celui qui crache sur « *l'abjecte ripaille des parvenus et la sottise des bourgeois* », dénonce « *la bêtise qui émane d'eux comme la puanteur du macadam échauffé* ». Mais qui est ce singulier libertaire qui vitupère « *Ce que j'écris n'est pas pour les charognes* » ?

Laurent Tailhade est né à Tarbes, rue Brauhauban, le 16 avril 1854 dans une famille tout ce qu'il y a de plus respectable. Son père, Félix, est un magistrat conservateur, et sa mère, née Ernestine Jacomet, une pieuse femme. Ce neveu de l'ancien maire de Lannemezan, surnommé quelques années plus tard le serpent à sonnets, fait ses études au collège jésuite Sainte-Marie de Toulouse puis aux lycées de Pau et de Tarbes. Dans la cour de récréation, il est surveillé par un pion du nom de Théophile Delcassé, futur ministre des Affaires étrangères de la IIIe République. Déjà, la littérature le titille et en 1874, il obtient son baccalauréat après des études plutôt médiocres. Il suit alors des cours à la fac de droit de Toulouse, s'émancipe, fréquente des cafés littéraires, obtient une récompense aux jeux floraux, se lie d'amitié avec le poète audois Charles Cros. Face à l'affirmation de ses ambitions littéraires et devant son refus à poursuivre des études juridiques, sa famille le marie en 1875 avec Marie Agathe Eugénie de Gourcuff. Le jeune couple s'installe à Bagnères-de-Bigorre le 16 septembre 1879 mais leur fils Léopold ne survit que cinq mois.

Tailhade, qui passe l'année 1880 à Paris, fréquente les milieux parnassiens. En 1882, il livre son premier duel avec l'un des responsables du casino de Bagnères-de-Bigorre, où il flambe énormément. Le 29 janvier 1883,

L'enseigne du célèbre cabaret Le chat noir

Tailhade perd sa femme à l'âge de 25 ans. Disposant de l'héritage, il décide alors de monter à Paris. Il fréquente les cafés de la rive gauche, devient un habitué du Chat noir, et côtoie toute la bohème littéraire de l'époque, Charles Cros, Alphonse Allais, Charles Vignier, Jean Moréas. Il rencontre Verlaine, Mallarmé, Barrès, mais il est vite ruiné par ses prodigalités. Son père lui a coupé les vivres et sa famille lui a trouvé un nouveau parti pour le faire rentrer dans le rang en la personne de Mélanie Maruéjouls. Le mariage, qui est célébré le 2 février 1886, se révèle un véritable désastre. Tailhade, devenu farouchement anticlérical, menace sa femme d'un

révolver parce qu'elle veut se rendre à la messe. Devenu anarchiste de plume, grand pourfendeur de la bourgeoisie, il adhère à la franc-maçonnerie en 1892.

C'est la vague des attentats anarchistes de la fin du siècle qui jette Tailhade dans l'actualité. Au soir du 9 décembre 1893 et de l'attaque de Vaillant à la Chambre des députés, il déclare à un journaliste : « *Qu'importe les victimes si le geste est beau !* », provoquant un tollé général dans la presse. Tailhade estime que son anarchisme doit se voir. Grièvement blessé par l'explosion d'une bombe placée sur le rebord d'une fenêtre du restaurant Foyot où il dîne, et qui lui fait perdre un œil, il ne rêve que d'en découdre avec tous ceux qui l'ont

Caricature anticléricale de H.G. Jossot ▲

injurié sur son lit d'hôpital. À peine remis, il envoie ses témoins à ses détracteurs accumulant les duels. Cet admirateur de Zola, pourfendeur de l'ordre bourgeois, harcèle dans les journaux comme sur le pré nationalistes et cléricaux, dénonçant l'antisémitisme. Grâce à son ami Henry Bauër, il entre à *l'Écho de Paris* comme journaliste.

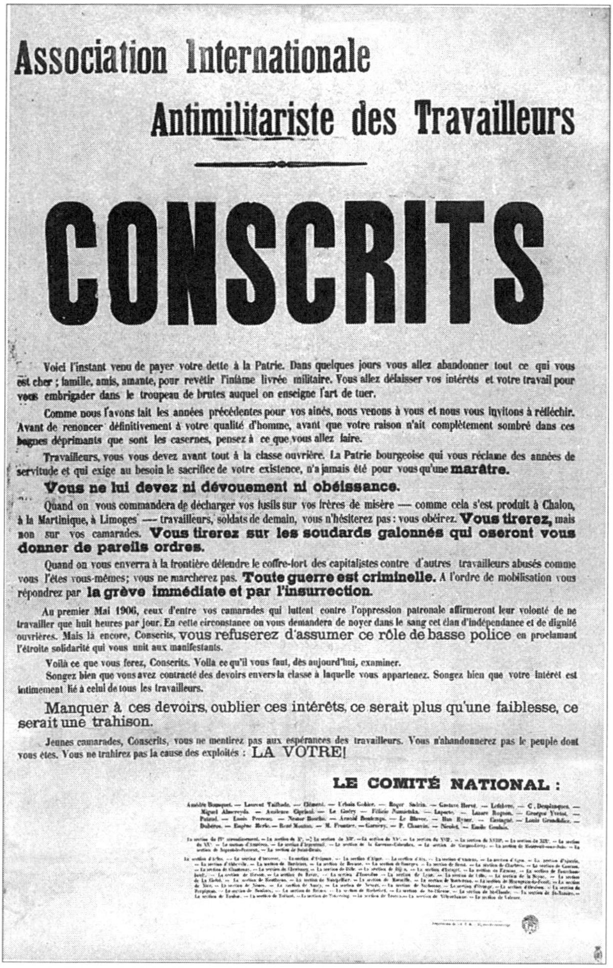

Ses articles lui valent encore de nombreux duels. En 1897, ce libertaire quitte *L'Écho de Paris*, séjourne à Toulouse où il a une liaison avec Anne Osmont, poétesse féministe et célèbre occultiste.

Collaborateur régulier à *La Dépêche*, il va souvent à San Sebastian assister à des corridas, spectacle dont il est friand. Les duels continuent d'émailler sa vie. Le 17 octobre 1898, un furieux combat l'oppose à Maurice Barrès. Gravement blessé au bras, hospitalisé, il cherche à trouver une situation stable dans la presse mais il échoue à rentrer au *Figaro*. Le 17 janvier 1901, Laurent Tailhade épouse Eugénie Pochon, la sœur de son ami Fernand Kolney. La mariée a 22 ans de moins que lui. Parmi les témoins, le socialiste Jean Jaurès avec qui il est lié d'amitié. Féroce anticlérical, Laurent Tailhade fait paraître dans le journal *Le Libertaire* du 15 septembre 1901, un article inti-

▲ *Appel aux conscrits à la désobéissance..., signé entre autres par Laurent Tailhade*

tulé *le triomphe de la domesticité* qui le fait condamner le 10 octobre à un an de prison et à 1000 francs d'amende pour un appel au meurtre sur la personne du Tsar. Incarcéré à la prison de la Santé malgré les protestations de ses amis, il termine la traduction du *Satyricon* de Pétrone. Libéré en 1902 après six mois de prison, c'est un homme usé qui retrouve la liberté. Il séjourne à Camaret, en Bretagne, écrit quelques articles pour le journal anticlérical *L'Action* où il dénonce l'alcoolisme de la population. Ses provocations liguent l'opinion contre lui. Il répond à la bronca par la chanson paillarde *Les filles de Camaret*. L'argent lui manque, sa santé se dégrade. En octobre 1905, son nom figure sur l'affiche antimilitariste « *Appel aux conscrits* ». Mais, à l'issue du procès, Tailhade écrit deux lettres de reniement, avec la cause anarchiste. La presse parisienne de droite accueille avec amusement le repenti. Laurent Tailhade a 55 ans. Malade, morphinomane, borgne, après une trentaine de duels, il trouve encore le 18 novembre 1909 la force de traîner son adversaire Gustave Téry sur le pré pour l'embrocher.

L'anarchiste qui a renié ses convictions, mal compris la force montante du socialisme, se porte volontaire pour s'engager le 2 octobre 1914, oubliant l'antimilitariste qu'il a été. Il salue en 1917 la révolution bolchevique mais épuisé par des congestions pulmonaires à répétition, il s'éteint le 1er novembre 1919, à Combs-la-Ville, laissant sa femme et sa fille dans le dénuement. Une souscription organisée par Sacha Guitry le sauve de la fosse commune le 20 janvier 1921 pour faire une petite place au cimetière Montparnasse à cet anticlérical fou furieux, lettré aristophanesque au tempérament aussi bouillant que querelleur, symbole pour la postérité de la violence du verbe pamphlétaire.

Philippe Tissié

Le promoteur du sport scolaire

Au panthéon des grands oubliés de l'histoire, le nom de l'Ariégeois Philippe Tissié figure en bonne place. Force est de constater que si un lycée professionnel à Saverdun, un stade à Pau ou une rue et les écoles primaires de Labastide-sur-l'Hers, son village natal, portent son patronyme, pour le commun des mortels, Philippe Tissié est aujourd'hui devenu un illustre inconnu. Et pourtant, ce fondateur de la ligue d'éducation physique, ce médecin hygiéniste ne fut-il pas en son temps aussi célèbre que Pierre de Coubertin, le rénovateur des jeux olympiques ?

C'est dans un paisible village d'Ariège situé au nord-est de Lavelanet, un riant bourg de 700 habitants niché dans les chaînons calcaires du Plantaurel, que Philippe Tissié pousse son premier cri, le 18 octobre 1852, à l'aube du Second Empire. Fils d'instituteur, il reçoit une bonne instruction. Mais la vie est parfois cruelle : Philippe n'a que quatorze ans lorsqu'il perd son père. Le voici dès lors contraint d'interrompre sa scolarité pour subvenir aux besoins de sa famille. Il ne passera que tardivement son baccalauréat avant de pouvoir entamer des études de médecine. Ce n'est ainsi qu'à l'âge de 35 ans que Tissié soutient sa thèse sur « les aliénés voyageurs », ces malades qui fuguent à travers toute l'Europe. Son étude conduite sous l'autorité du professeur Pitres constitue toujours la référence d'un trouble médical qui a aujourd'hui des critères précis. Son diplôme en poche, le voici désormais médecin et aliéniste. Et Tissié, l'un des premiers neuropsychiatres de France, en sportif accompli qui pratique le cyclisme de longue date, va logiquement se spécialiser dans l'hygiénisme.

Médecin du sport, Philippe Tissié, qui est l'un des initiateurs de la course cycliste Paris-Bordeaux, appartient à la Ligue nationale d'éducation physique. Le 19 décembre 1888, il fonde la Ligue girondine d'éducation physique qui promeut les lendits, vieux terme médiéval qui désigne les jeux d'enfants. L'initiative est hardie car en ce temps-là, on ne s'intéresse guère à la dimension physique de la vie des potaches dans les collèges et les lycées. Peu d'instances officielles, au ministère de l'Instruction publique, se préoccupent d'un enseignement des pratiques sportives. Ainsi un recteur d'Académie écrivait-il : « Qui se soucie de leur hygiène, de leur santé, de la force et de la souplesse du corps ? Pourvu que l'esprit soit capable de longues élucubrations cicéroniennes... » Le premier lendit qui rassemble les élèves de plusieurs écoles de l'Académie de Bordeaux se tient le 11 et 12 mai 1890. Cette pratique ne va pas de soi à l'époque :

Philippe Tissié, l'un des créateurs de la course Bordeaux-Paris (ici l'édition de 1899)▲

l'exhibition de corps à moitié dénudés, défilant tout de blanc vêtu, choque les belles âmes. Mais sa mise en œuvre renforce toutefois le message hygiéniste en faveur d'une jeunesse saine et propre.

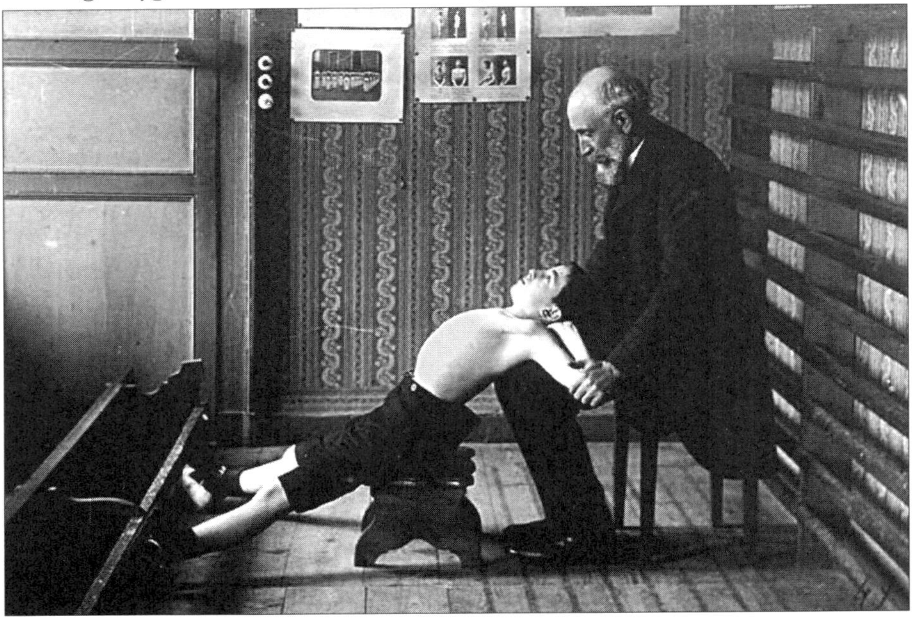

Aux yeux de Philippe Tissié, l'éducation physique de la jeunesse est primordiale. Elle doit combiner compétitions scolaires avec plaisir et amusement. Il considère que la pratique des jeux traditionnels locaux est à privilégier par rapport aux jeux anglo-saxons dont la mode se répand alors. Ainsi, tout en officialisant les règles du rugby, promeut-il la « barette aquitaine », variante moins violente de la soule, ancêtre du rugby à XV, car le placage n'y est pas autorisé. En 1898, Tissié est chargé par le gouvernement d'une mission en Suède. Il y découvre notamment l'intérêt de l'éducation physique pour les femmes. La gymnastique suédoise est pour lui une véritable révélation : sans renoncer aux jeux de plein air, il y voit les moyens de donner « à la jeunesse française la force de bien penser » par le culte de l'effort.

Tissié se situe dans la même ligne de pensée que Pierre de Coubertin, ardent défenseur de la « Terre de France ». Il veut « éduquer de bons Français qui sachent aimer fortement la France ». Il souligne que cette pratique permet, par la discipline qu'elle impose,

▲ *Philippe Tissié aidant un enfant dans la réalisation d'exercices physiques* de contrôler les gestes impulsifs, d'assouplir les caractères et même de rééduquer les jeunes délinquants. Pour l'hygiéniste convaincu de la prééminence du cerveau, l'éducation physique est un bon moyen d'éloigner l'homme de l'alcoolisme et de la paresse. Une mauvaise santé physique, notamment au plan respiratoire, n'est-il pas synonyme d'affaiblissement national à l'heure où l'on parle toujours de reprendre l'Alsace et la Lorraine ?

Partisan d'une éducation physique patriotique et républicaine, Philippe Tissié s'installe comme médecin à Pau en 1900. Il dispense bénévolement jusqu'en 1912 son enseignement à l'École Normale de jeunes filles auxquelles il délivre un certificat d'aptitude à l'enseignement de la gymnastique. Sa doctrine, qui va à l'encontre des préconisations de l'Union des Sociétés de Gymnastique de France, lui attire l'hostilité du ministère de l'Instruction Publique qui, en 1903, malgré le succès du lendit de Mont-de-Marsan interdit ce genre de réunion sportive. Quatre ans plus tard, en 1907, on le décharge de ses missions d'inspection.

Mais Philippe Tissié n'est pas homme à se laisser abattre. Sur ses décombres de la Ligue Girondine, il crée la Ligue Française de l'Éducation Physique, une structure sportive qui lui a survécu sous le nom de Fédération Française d'Éducation Physique et de Gymnastique Volontaire. Publiant ouvrages et revues, poursuivant son œuvre de promotion du sport scolaire, il défend sa conception de l'enseignement des pratiques sportives mais se heurte à de nombreuses oppositions à la Sorbonne. Infatigable, Tissié intervient bénévolement dans les années vingt dans un dispensaire de la Croix-Rouge qui accueille des enfants déshérités, âgés de 6 à 13 ans. À ces pupilles de la nation, Philippe Tissié dispense sa gymnastique éducative dans le but de créer « une petite république de petits bonshommes dont les jugements sont sûrs ». Critiquant le sport spectacle, après la Grande Guerre, Tissié contribue en

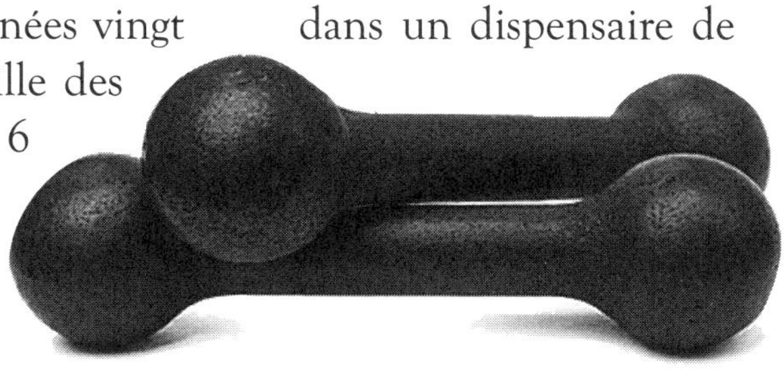

1927 à la fondation de l'Institut Régional d'Éducation Physique à Bordeaux, préfiguration de l'enseignement dispensé par les STAPS aujourd'hui. Si toutefois, en 1934, le ministère de l'Instruction publique finit par accepter la mise en œuvre sporadique de lendits dans le Sud-Ouest, ce n'est que dans les années 50 que ces joutes scolaires réapparaîtront vraiment.

Défenseur du bénévolat, toujours ferme sur ses valeurs républicaines, infatigable militant des vertus sportives, Phillipe Tissié, pionnier du sport scolaire français, meurt le 4 juin 1935 à l'âge de 83 ans, en laissant une œuvre immense dont la jeunesse lui est toujours aujourd'hui redevable.

▲ *Jeunes filles de l'École normale pratiquant des exercices physiques*

Augustin Trébuchon
Le petit berger sera le dernier...

Lundi 11 novembre 1918, dix heures cinquante ! Il fait un temps brumeux et glacial sur les Ardennes. Ici, comme sur toute la ligne de front, une grande fébrilité a gagné les tranchées. Tous les soldats ne parlent que de ça. On attend, l'arme à la bretelle. Après quatre années d'une boucherie sans équivalent dans l'histoire, l'armistice a été signé ce matin à 5 h 15, mettant fin à une véritable guerre civile européenne. La Grande Guerre vit ses dernières heures. L'État major français a décidé symboliquement d'attendre onze heures pour officialiser la fin des combats ce onzième jour du onzième mois pour sonner le clairon. Il reste dix minutes à attendre...

Dans ce secteur, le village de Vrigne-Meuse, sur la rive droite de la Meuse, est occupé par les Allemands. Installés sur la crête d'une colline qui domine le fleuve, leurs positions sont incertaines. Impossible de faire une reconnaissance aérienne pour les situer. L'aviation est clouée au sol par le brouillard humide. En face, à Dom-le-Mesnil, les troupes françaises se tiennent prêtes à un ultime assaut, histoire de mettre la pression sur les Allemands qui rechignent à signer l'armistice. Le 415ème régiment d'infanterie a pour mission de franchir le fleuve à tout prix sur des passerelles de fortune.

À cet instant, le staccato d'une mitrailleuse allemande retentit une dernière fois dans le petit matin glacé. Un poilu s'effondre, le casque Adrian traversé d'une balle. Serré dans la paume de sa main, un bout de papier écrit au crayon gras : l'ultime message que cet agent de liaison devait transmettre. Celui qui avait traversé tous les combats de la Marne à la Somme en passant par Verdun n'entendra jamais le clairon de la victoire ! Il est le dernier poilu de la Grande Guerre à tomber au combat. Il s'appelait Augustin Trébuchon et ne reverra jamais son pays natal, la Lozère...

Le Languedocien est né le 30 mai 1878 au hameau de Montchabrier, sur la commune de Malzieu-Forain, dans le Gévaudan. Il est le fils de Jean-Baptiste Trébuchon, un cultivateur, et de Rosalie Vissac. L'homme est trapu, 1 mètre 61, le front dégarni, le visage ovale, les cheveux blonds, les yeux gris. Il a 16 ans quand il perd ses parents et le voici donc en charge d'une fratrie de cinq frères et sœurs ! Cette situation l'exempte de toute mobilisation. Appartenant à la classe 1898, il est tiré au sort pour faire son service militaire et malgré sa position d'aîné d'une fratrie d'orphelins, le voici incorporé le 14 novembre 1899, à l'âge de 21 ans, comme soldat 2e classe au 142 régiment d'infanterie qui est stationné à Mende.

Le 23 septembre 1900, libéré, il retrouve son activité de berger, à Saint-Privat-du-Fau mais reste à disponibilité dans l'armée d'active jusqu'en septembre 1902 où il passe en réserve puis dans la territoriale en septembre 1912. Augustin accomplit, au cours de ces années, ses périodes d'exercice en 1905 puis en mai 1909, toujours

▲ *L'unique portrait d'Augustin Trébuchon*

au 142e RI, puis en juin 14 au 123e régiment territorial d'infanterie. Mobilisé le 4 août 1914, il dit au revoir à sa fiancée Hortense, et rejoint à Mende son unité pour partir au combat. Il ne reverra qu'une seule fois son cher Gévaudan, lors d'une unique permission.

Pendant la Grande Guerre, matricule 13002, le soldat Trébuchon va user ses brodequins sur tous les champs de bataille : la Marne, la Somme, Verdun, le Chemin des Dames ! Il est de tous les combats et en 1918, il fait partie des rares miraculés engagés dès 1914 encore en vie. En quatre ans, il n'a été blessé que deux fois et passe pour un trompe-la-mort. Noté comme un bon soldat qui a toujours accompli son devoir, faisant preuve d'un calme remarquable et donnant le plus bel exemple à ses camarades, Augustin Trébuchon a été élevé à la dignité de Première classe le 18 septembre 1918.

Estafette à la 9e compagnie, il est agent de liaison, sautant de trous en trous pour porter à ses supérieurs les messages qui lui sont confiés. Ce Lozérien qui aime la bourrée et joue de l'accordéon a 40 ans le 11 novembre quand il est chargé de délivrer à son capitaine un message indiquant que les Français se rassembleront à 11 heures 30, à Dom-le-Mesnil, pour le ravitaillement. Sur les hauteurs, les Allemands arrosent encore la ligne française à la mitrailleuse. Augustin bondit, quand une balle en pleine tête le couche dans la boue. Dans le poste de commandement, on cherche un clairon pour sonner le cessez-le-feu car la guerre est finie. Le soldat Delaluque, qui en possède un, est invité à jouer. Les tirs cessent, les canons se taisent, la *Marseillaise* retentit. On sort des tranchées et quelques minutes plus tard, le fantassin Georges Gazareth tombe sur un corps encore chaud. C'est celui d'Augustin Trébuchon. « *Oh, le pauvre Augustin, il ne reverra jamais la Lozère* » écrira-t-il plus tard dans ses mémoires.

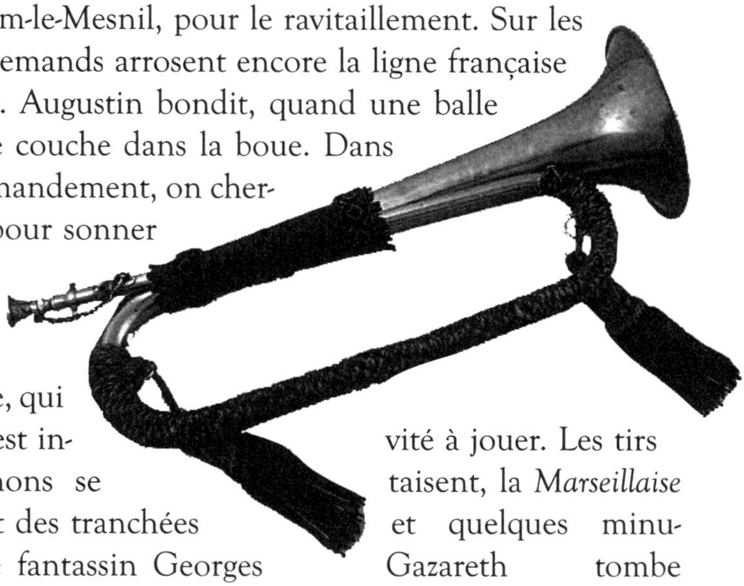

Clairon qui sonna l'armistice en 1918 ▲

Augustin Trébuchon est ainsi le dernier soldat français tué au combat en France. Pourtant, curieusement, sur sa tombe comme sur sa fiche individuelle, c'est la date du 10 novembre 1918 qui est indiquée. Pourquoi sa mort a-t-elle été antidatée ? Ils sont plusieurs dans ce cas et selon les historiens, les autorités militaires estiment que la modification a été faite parce qu'il n'était pas possible de dire aux familles que leur fils était mort pour la France le jour de la Victoire, à quelques minutes de l'Armistice. De nombreux blessés, morts les jours suivants, virent également leur date de décès modifiée pour permettre à leurs veuves de toucher une pension.

Mourir à dix minutes de la paix, quand on a traversé toute la guerre sans anicroche, quelle injustice ! D'autant plus que ce berger, dont tout le monde louait la bonté, va être oublié une seconde fois...

Le 4 juin 1944, la maison de la nièce d'Augustin – Augusta Trébuchon – est attaquée par les Allemands. La famille a juste eu le temps de se cacher. Les ennemis reviennent de la célèbre et meurtrière bataille du Mont Mouchet, qui a opposé la Wehrmacht à la résistance française. On compte plusieurs centaines de victimes de

▲ *Une tranchée à Verdun où combattit Augustin Trébuchon*

part et d'autre des assaillants. Pour se venger de leurs pertes, les Allemands pillent plusieurs villages environnants. Au petit matin, la maison des Trebuchon est dévastée. Augustin avait écrit de nombreuses lettres touchantes à sa famille. Elles ont toutes disparu dans cette nuit de saccage…

Louis Torcatis
Un instituteur dans la Résistance

Une avenue à Carmaux, une librairie à Perpignan, de nombreuses écoles, des rues à Tautavel, à Argelès-sur-Mer, à Ille-sur-Têt... honorent la mémoire et portent le nom de Torcatis, instituteur emblématique, compagnon de la Libération et grand résistant du pays catalan. Faisons un détour par l'histoire de ce héros, né un beau matin du 25 mars 1904 à Tautavel...

Les Torcatis sont originaires de Corbières-les-Cabanes, une commune du Roussillon aux confins du massif des Hautes Aspres. C'est là que ses parents, Louis et Catherine, étaient nés et qu'ils s'étaient mariés en 1899. Une union qui avait fait grincer quelques dents car Catherine était d'une famille modeste. Louis Torcatis est le deuxième enfant de ce couple, né à Tautavel car c'est là que son père a trouvé un emploi. En 1909, la famille se fixe à Pia, à proximité de Perpignan, où le père est régisseur du domaine de Lamer. Louis Torcatis effectue toute sa scolarité primaire à Pia et, son père étant mobilisé durant la Grande Guerre, passe ses vacances à faire les vendanges. C'est à cette époque qu'il découvre le violon, instrument dont il apprend à jouer en autodidacte et qui aura un grand rôle dans toute sa vie personnelle. Bon élève à l'école primaire, il accède facilement au cours complémentaire de Rivesaltes qu'il fréquente de 1916 à 1920.

En juillet 1920, après l'obtention du brevet élémentaire, Louis Torcatis passe le concours d'entrée à l'École Normale de Perpignan où il rencontre ceux qui vont être les grands amis de sa vie :

Dominique Parsuire, François Roig, Marcel Mayneris, et Antonin Pagès. Au début de ces années vingt, Louis Torcatis commence à pratiquer l'athlétisme et surtout le rugby où il joue ¾ aile dans l'équipe de l'USP. À la sortie de l'École Normale, il effectue son service militaire aux EOR de Saint-Mexant puis, après sa nomination au grade de sous-lieutenant le 24 mai 1924, au 16e régiment de tirailleurs coloniaux à Montauban. Démobilisé en novembre 24, Torcatis se marie le 23 février 1925 avec Jeanne Balent, la fille d'un agriculteur catalan. Nommé pour un premier poste en classe unique dans le village de Sauto puis en octobre 26 à Montalba-le-Château, un village viticole près d'Ille-sur-Têt, Louis Torcatis se montre un maître à la pointe des nouvelles pédagogies. En s'appuyant sur la radio, sur le cinéma, sur des projections de films, organisant des soirées populaires de chant et de musique, il développe toute une série d'activités post scolaires.

À la rentrée 1931, Louis Torcatis est muté à Pia, le village de son enfance. Quel bonheur pour l'instituteur laïque que de retrouver les terres de son adolescence ! Il s'efforce de faire partager à tous la musique, sa grande passion. Jouant du violon, il dynamise l'Harmonie de Pia, anime les fêtes de village, remporte nombre de grands prix et participe à de multiples fêtes officielles populaires catalanes.

Louis Torcatis apparaît ainsi comme l'un des pionniers de l'école

Louis Torcatis, Normalien ▲

moderne dans les Pyrénées orientales, fréquentant les associations laïques proches de la Gauche et du Parti Communiste. Il est ainsi un instituteur engagé, militant à l'École Émancipée et aux amis de l'URSS. Membre du Parti Communiste à partir de 1936, il devient bientôt le leader à Pia, jusqu'à son exclusion en mars 1939 par la direction du PC qui le soupçonne de sympathie vers le POUM d'obédience Trotskiste. Évincé du PC, mais toujours communiste de cœur, mis à l'écart pour la liberté de ton qui est la sienne, un crime de lèse-majesté aux yeux de la direction stalinienne, Torcatis ne renie pas pour autant ses engagements et refuse d'approuver le pacte germano-soviétique.

Officier de réserve, il rejoint le 44e RIC à Perpignan le 1er septembre 39 et passe la Drôle de Guerre dans le secteur de Bar-le-Duc. Affecté au 3e RIC le 1er juin 40, il se distingue dans les très durs combats du 9 juin. Fait prisonnier après avoir reçu une citation et la Croix de guerre, il se retrouve embarqué dans un convoi ferroviaire vers l'Allemagne. Mais pas question pour Torcatis d'accepter la défaite ! Découpant le plancher de son wagon, il s'évade en profitant d'un ralentissement du train, se procure des vêtements civils, arrive à Lyon d'où il réussit à rejoindre Perpignan le 23 août 40. Six jours plus tard, Louis Torcatis est officiellement démobilisé au terme d'une guerre courageuse. Mais à la rentrée scolaire, l'instituteur ne retrouve pas son poste à Pia. Affecté à Passa, un village des Basses Aspres, il demeure deux ans dans ce poste. Ici comme dans ses affectations précédentes, Louis forme orchestre, chorale, monte des spectacles dans le but de venir en aide aux prisonniers. Le 18 août 1941, lors d'une cérémonie officielle du régime de Vichy, Torcatis accomplit son premier acte de résistance, faisant jouer *la Marseillaise* avant *Maréchal, nous voilà*.

Torcatis intègre rapidement les rangs de la Résistance. Cet homme volontaire, militant syndicaliste, ne pouvait rester à l'écart du combat qui se mène dans l'ombre. Il devient rapidement responsable départemental de la branche militaire de Libération-sud, participe bientôt à la mise en place de l'armée secrète dans les PO en janvier 1943 sous le pseudonyme de Torreilles. Avec son épouse

Jeanne qui le seconde comme agent de liaison, il regroupe de nombreux instituteurs, les entraîne à accomplir des missions de sabotage. Lors de la réunion constitutive des MUR, mouvement uni de la résistance, le nom de Torcatis s'impose comme responsable

départemental de la branche militaire. Comme tous les résistants, Louis Torcatis prend beaucoup de risques et en mai 1943, lui et son épouse échappent de justesse au coup de filet des agents de la Sipo-SD. Réfugiés d'abord chez des amis, toute la famille part à Paris puis dans l'Aveyron où Torcatis reprend ses activités clandestines sous le pseudonyme de Bouloc. Lors d'une réunion des MUR, il fait la connaissance des résistants Serge Ravanel et de Maurice Kriegel-Valrimont. Torcatis se déplace sans cesse, organise sabotages, attentats, exécutions de collaborateurs notoires comme Henri Tréyeran, chef départemental adjoint de la milice dans les Pyrénées orientales.

Lieutenant-colonel des FFI, commandant les corps francs de la R3, Bouloc est traqué par les Allemands et la milice. Le 18 mai 1944, il tombe dans un guet-apens tendu par la brigade spéciale de l'intendant de Toulouse, Pierre Marty. Atteint dans sa fuite par une balle dans la jambe, puis par une deuxième dans l'omoplate, il s'effon-

L'école, autrefois... ▲

dre. Transporté à la clinique Sainte-Barbe à Carmaux, le chirurgien tente l'impossible pour le sauver. Hélas, après une agonie de douze heures, Torcatis expire. Ses obsèques, qui ont lieu le dimanche 21 mai, donnent lieu à une manifestation de force pour les résistants. Le militant anticlérical reçoit en l'église Saint-Privat un dernier hommage lors de l'homélie du chanoine Frayssinet. Initialement inhumé à Carmaux, sa dépouille est transférée à Perpignan le 2 juin 1945 où un imposant cortège le conduit au cimetière de Pia.

Un monument honore aujourd'hui la mémoire de ce grand Français. La librairie, créée par sa veuve et reprise par la famille Coste, porte toujours le nom de ce héros qui a donné sa vie pour que les jeunes générations aient un avenir meilleur.

▲ *L'arche Louis-Torcatis à Perpignan*

Jeanne de Villeneuve

Au service des pauvres...

Le 14 février 2015, quand le pape François annonce que l'église catholique canonisera Jeanne Émilie de Villeneuve, les cloches de la Basilique Saint-Pierre peuvent bien sonner à l'issue de ce consistoire, cette réunion solennelle des cardinaux à Rome. C'est là l'aboutissement d'un long processus vers la qualité de Sainte à la bienheureuse, lui attribuant par décret la reconnaissance de miracles. Mais qui, hormis les pères de l'Église et ceux qui l'invoquent, ont souvenir d'elle ?

Jeanne Émilie de Villeneuve est née à Toulouse le 9 mars 1811 dans une famille de la noblesse française. C'est la troisième des quatre enfants du marquis de Villeneuve et de Rosalie d'Avessens, une famille du Tarn. C'est d'ailleurs au château d'Hauterive, à proximité de Castres, que la jeune Jeanne Émilie passe son enfance. Sa mère, qui veille à son éducation, a dû s'y retirer en raison de sa mauvaise santé. Malheureusement, Jeanne Émilie, à l'âge de 14 ans, la perd. Ce décès la conduit à vivre à Toulouse où sa grand-mère prend le relais sur son éducation et celle de ses sœurs. Hélas, le malheur l'accable bientôt encore par le décès de sa sœur Octavie. Jeanne Émilie a 19 ans quand elle revient au château d'Hauterive. La jeune femme souhaite alors soulager son père qui exerce la fonction de maire de Castres de 1826 à 1830. Elle découvre la misère populaire qui accompagne les débuts de la révolution industrielle.

La fréquentation d'un jésuite, le père Leblanc, auquel elle confesse les préoccupations sociales qui sont les siennes, conduit la croyante sur les chemins de la foi. Jeanne Émilie veut être auprès des pauvres, des malades, des prisonniers, des prostituées. Elle veut leur démontrer que Dieu les aime. Faire la charité, faire l'aumône, ne suffit pas. Il faut rendre leur dignité d'être humain à ces malchanceux de la vie moderne. Ainsi marchera-t-elle dans les pas de Jésus. Aller à la rencontre des exclus, des filles des rues, évangéliser, tel est le sens qu'elle entend donner à sa vie. Son charisme l'ap-

pelle à être missionnaire pour qu'il y ait plus de justice, de paix, d'amour. Après avoir envisagé de rejoindre les Filles de la Charité et un délai de réflexion que son père lui impose, en 1836, Jeanne Émilie de Villeneuve décide, avec l'accord de son évêque, de fonder une congrégation. Elle quitte son père pour le service de Dieu. « C'est pour Dieu que je vous quitte. Je veux servir les pauvres », lui dit-elle pour justifier la naissance de la congrégation des sœurs de Notre-Dame de l'Immaculée Conception, le 8 décembre 1836.

▲ *Le château d'Hauterive à Castres*

Les sœurs bleues, comme on les nomme, seront attentives aux plus pauvres, accueilleront les jeunes filles fragilisées par la misère. Elles iront « là où la voix du pauvre nous appelle ». L'œuvre à accomplir est immense. Très vite, une deuxième communauté s'ouvre et les sœurs sont chargées de l'éducation des enfants, du catéchisme, des soins aux malades.

Sa congrégation grandit et son rayonnement s'étend. En 1848, elle envoie des sœurs au Sénégal puis en Gambie et au Gabon. Aujourd'hui encore, elles sont près de 600 sœurs bleues à œuvrer de par le monde en Afrique, en Amérique latine, en Asie et, bien sûr, en Europe ! En 1853, Jeanne Émilie de Villeneuve démissionne de sa charge de supérieure. Elle est remplacée par Hélène Delmas. Mais l'année suivante, en 1854, une terrible épidémie de choléra touche Castres et la fondatrice des sœurs bleues décède le 2 octobre à l'âge de 43 ans. Vénérée pour sa bonté, dès lors commence un long chemin vers sa béatification. Sous le généralat de la mère supérieure Sylvie Azaïs, de 1921 à 1936, commence le classement des documents manuscrits qui témoignent de la spiritualité de Jeanne Émilie de Villeneuve. En 1945, la supérieure générale les étudie en profondeur en vue de la béatification. Le processus diocésain est lancé le 18 août 1947 mais il faut attendre le 25 août 1948 pour que, sous la présidence de l'archevêque d'Albi, on fasse exhumer le corps pour procéder à sa sainte inhumation. Le dossier de béatification est alors transféré à Rome où le 6 juillet 1991 est publié le décret sur l'héroïcité des vertus.

C'est à cette époque que sont reconnus les premiers miracles attribués à la future sainte. En février 1995, Binta Diaby, une jeune guinéenne ayant vécu en Sierra Leone, de confession musulmane, est guérie d'une péritonite aigue provoquée par l'ingestion de soude caustique aggravée par une insuffisance hépatico-rénale et par la septicémie qui rend toute issue fatale. Mais la visite des sœurs bleues et

l'intercession de Jeanne Émilie de Villeneuve qui nourrissait une grande passion pour l'apostolat en Afrique auprès de ceux qui ne connaissent pas Jésus Christ, semble avoir eu raison de l'inéluctable issue de la maladie. Les médecins reconnaissent la guérison et le dossier médical est envoyé à l'évêque de Barcelone. À l'issue

de son cheminement à Rome, la congrégation pour la cause des saints en reconnait la validité, la médecine ne pouvant expliquer une telle guérison naturelle. Ce miracle attribué à l'intercession de Jeanne Émilie de Villeneuve permet le 17 décembre 2007 au pape Benoît XVI de la faire béatifier par Monseigneur Amato lors d'une cérémonie organisée à Castres le 5 juillet 2009.

Mais bientôt, un deuxième miracle va être attribué à la bienheureuse. En 2008, une petite brésilienne âgée de 9 mois, Emily Maria de Souza, s'électrocute en jouant avec le fil d'un ventilateur. Quand on la retrouve, l'enfant est paralysée. À son arrivée aux urgences, la petite Emily est en état d'arrêt cardiovasculaire. Sans pulsations, sans respiration, violette, le médecin qui l'ausculte annonce à son

▲ *Portrait de Jeanne de Villeneuve réalisé par le peintre castrais Joseph-Charles Valette*

père : « Votre fille est morte ». Mais le *pater familias* ne peut se résoudre à cette situation. « Faites tout ce que vous pouvez », supplie-t-il. Le médecin de garde tente alors pendant une heure de la ranimer quand finalement le petit cœur recommence à donner un signe de vie mais les pronostics restent pessimistes. Emily sera vivante mais ne pourra plus ni voir ni entendre ni parler ni marcher, pronostique le corps médical.

À sa sortie de l'hôpital le 20 mai, et à l'initiative d'une sœur bleue qui connaissait la famille de la fillette, commence une neuvaine qui se termine le 29 mai. Et oh miracle, l'état clinique d'Emily change. Les médecins constatent l'absence de toute séquelle neurologique. L'enfant est aujourd'hui une jeune fille joyeuse et communicative. Comment ne pas invoquer l'intercession de la bienheureuse Jeanne Émilie de Villeneuve pour expliquer sa guérison ? N'a-t-on pas placé sous la tête de l'enfant une image de la fondatrice des sœurs bleues, relique qui s'accompagne de prières communes et intenses ? La reconnaissance du miracle a lieu le 13 septembre 2011. Fort des considérations des experts, le tribunal diocésain considère que la science ne peut expliquer la guérison de la fillette.

Ce deuxième miracle autorise ainsi le 6 décembre 2014 le pape François à annoncer que la jeune castraise sera canonisée le 17 mai 2015. Ainsi la vie de Jeanne Émilie de Villeneuve reste un exemple à suivre pour qui entend vivre sa vocation chrétienne.

Remerciements

Qu'il me soit permis de témoigner ici toute ma gratitude et mes remerciements à mon éditeur Hubert Delobette pour sa confiance, à Alice Dorques pour son travail et à mon épouse Nicole Chappe-Gleize pour son angélique patience et sa précieuse collaboration.

Bibliographie non exhaustive

A côté des indispensables encyclopédies, on peut consulter utilement :

Ouvrages généraux sur la France :

Arnaud Chaffanjon : Grandes familles de l'histoire de France, Éditions Albatros, 1980.

Hubert Cuny et Nicole Dreneau : Le Gotha français : état présent des familles ducales et princières (depuis 1940). L'Intermédiaire des chercheurs et curieux, 1989.

C.E Curinier *(sous la dir) Dictionnaire national des contemporains* : (Paris), 1899-1919.

Jean-Louis Debré. *Les oubliés de la République*, Fayard (Paris) 2008, 320 pages.

Michel Goubet : Dictionnaire historique de la Résistance, sous la direction de François Marcot, Robert Laffont, 2006.

Pierre Guillot : Dictionnaire des organistes français des XIXe et XXe siècles, Bruxelles, Mardaga, 2003.

Jean Jolly : Dictionnaire des parlementaires Français, 8 volumes, PUF, 1960.

Jean Maitron : Dictionnaire biographique du mouvement ouvrier français, cédérom, éd. de l'Atelier, 1997.

Michel Mourre : Dictionnaire encyclopédique d'Histoire. Bordas, 1986.

Numa Broc, *Dictionnaire des Explorateurs français du XIXe siècle*, CTHS, 2003.

Adolphe Robert et Gaston Cougny, *Dictionnaire des parlementaires français*, Edgar Bourloton, 1889-1891.

Olivier Wiervorka : Les orphelins de la République : destinées des députés et des sénateurs français : 1940-1945, Paris, Seuil, 2015.

Ouvrages généraux sur l'Occitanie :

André Armengaud, Robert Lafont. *Histoire d'Occitanie par une équipe d'historiens*. Paris : Hachette littérature, 1979, 949 pages.

Dictionnaire biographique du Gard, Paris, Flammarion, coll. « Dictionnaires biographiques départementaux » (n° 45), 1904.

Bruno Labrousse et Denis Martinez : Les politiques Ariégeois 1789- 2003.

Emmanuel Leroy Ladurie : *Histoire du Languedoc*, PUF, 1967.

Olivier de Martiave : Dictionnaire de l'Ariège – Edition Sud-Ouest 2008.

Christian Nique, Jacques Limouzin : *Précis d'histoire du Languedoc-Roussillon*, CRDP Académie de Montpellier, 2007.

Marie Vallée-Roche, *Le Languedoc-Roussillon, des origines à nos jours*, Rennes, Ouest-France, 2012, 130 pages.

Sans oublier les très nombreux articles de la presse régionale parus dans *La Dépêche du Midi, Le Midi Libre, L'indépendant, La République des Pyrénées, Le journal du Tarn, la Gazette ariégeoise, Le Saint Africain, La semaine du Roussillon, Le Journal de Millau, La Lozère nouvelle, La Gazette de Montpellier, le Tocsin* et *Le petit journal*, les mensuels *L'Ariégeois Magazine, Pyrénées Magazine, Roussillon Magazine* et les précieux Bulletins des sociétés savantes dont les plus anciens numéros ont été réédités à la fin du XXe siècle.

Pour aller plus loin, vers une approche spécialisée de quelques occitans cités, on consultera :

Marcelin ALBERT

Guy Betchel : *1907, la grande révolte du Midi*, Robert Laffont, 1976.

Georges Ferré, *1907, La guerre du vin. Chronique d'une désobéissance civique dans le midi*, Éditions Loubatières, 1997, p. 97.

Christian Pastre, *L'Apôtre des vignerons*, Éditions Pimientos, 2007.

Rémy Pech, avec la collaboration de Jules Maurin : *Les Mutins de la République*, Editions Privat, 2007.
Félix Napo : *1907, la révolte des vignerons*, éditions E&C, mars 2007.

Arthur BATUT
G. de Beauffort et M. Dusariez, *L'aérophotographie par cerf-volant*, Belgique, Éditions KAPWA foundation, 1995, 148 pages.
Rémy Cazals, « Arthur Batut », in Patrick Cabanel et André Encrevé (dir.), *Dictionnaire biographique des protestants français de 1787 à nos jours*, tome 1 : A-C, Les Éditions de Paris Max Chaleil, Paris, 2015, 198 pages.

Charles BOURSEUL
G. Maurel et R. Mignat, *La vie et l'œuvre de Charles Bourseul, inventeur du téléphone* in *Bulletin de la Société des études du Lot*, 1952, 3e fascicule.
R. Camboulives, *Un Occitan d'adoption : Charles Bourseul, inventeur du téléphone*, communication faite à l'Académie des sciences, inscriptions et Belles-lettres de Toulouse dans sa séance du 8 novembre 1978.

Madeleine BRÈS
Jean-Louis Debré et Valérie Bochenek, *Ces femmes qui ont réveillé la France*, Paris, Arthème Fayard, 2013, 374 pages.
Hubert Delobette, Portrait de Madeleine Brès dans le livre *Femmes d'exception en Languedoc-Roussillon*, Le Papillon Rouge Éditeur, 2010.

Clément CABANETTES
Émile Cabanettes, *Clément Cabanettes : fondateur de la colonie aveyronnaise de Pigüe, en République argentine*, Rodez, Subervie, 1973, 125 pages.

Charles CAMPROUX
Jean-Marie Petit, *Hommage à Charles Camproux*, Béziers, CID occitane, 1983.

Marius CAZENEUVE
Pierre Salies, *Le Commandeur Marius Cazeneuve*, Milan, 1983.
Hubert Delobette, *Aventuriers extraordinaires du Sud*, Le Papillon Rouge Éditeur, 2009.

Charles CROS
Charles Cros, *Inédits et Documents*, recueillis et présentés par Pierre E. Richard, Atelier du Gué/ Jacques Brémond, 1992.

Capitaine DANJOU
Fabrice Fanet et Jean-Christophe Romer, *Les Militaires qui ont changé la France*, Paris, Le Cherche-midi, 2008.

Joseph DELTEIL
Jean-Marie Drot, *Joseph Delteil prophète de l'an 2000*, Imago, 1990.
Guy Darol, *Joseph Delteil brille pour tout le monde*, Samuel Tastet éditeur, 2006.
Marie-Françoise Lemonnier-Delpy, *Joseph Delteil : une œuvre épique au XXe siècle, destinées du héros et révolution du récit*, Éditions IDECO, 2006.

Édouard DE PERRODIL
Édouard De Perrodil (1860-1931). Le Petit Braquet, août 2009.

Jane DIEULAFOY
Hubert Delobette, *Aventuriers extraordinaires du Sud*, Villeveyrac, Le Papillon Rouge Éditeur, 2009, 288 pages.
Audrey Marty, *Le destin fabuleux de Jane Dieulafoy : de Toulouse à Persepolis, l'aventure au féminin*,

Paris, Le Papillon Rouge Editeur, 6 mars 2020, 264 pages.
Mathieu Arnal, *Ces Toulousains qui ont fait l'Histoire*, Villeveyrac (Hérault), Le Papillon Rouge, 2019, 263 pages.

Pauline FOURÈS
Marcel Dupont, *Pauline Fourès : Une maîtresse de Napoléon* (Hachette, 1942).
Roger Régis, *Pauline Fourès dite «Bellilote» Maîtresse de Bonaparte en Egypte* (Collection Les Grandes Favorites, 1946).

Pierre Victor GALTIER
Yves Robin, *Vie et œuvre de Pierre Victor Galtier*, Thèse vétérinaire, Lyon, École Nationale Vétérinaire, 1957.
Jean Théodoridès, *Histoire de la rage : cave canem*, éd. Masson, 1976.

Carlos GARDEL
Mathieu Arnal, *Ces Toulousains qui ont fait l'Histoire*, Villeveyrac (Hérault), Le Papillon Rouge, 2019, 263 pages.
Christiane Bricheteau, *Carlos Gardel fils de Toulouse*, Les Auteurs d'Occitanie, mars 2010.
Monique Ruffié, Juan Carlos Esteban & Georges Galopa, *Carlos Gardel, ses antécédents français*, Editorial Corregidor, Buenos Aires, 2007.

Évariste HUC
Jacqueline Thevenet, *Le Lama d'Occident, Évariste Huc, de France en Tartarie et du Tibet en Chine, 1813-1860*, Seghers, Paris, 1989. Réédition : *Un lama du ciel d'Occident : Évariste Huc (1813-1860)*, Payot, Paris, 2004.

Jean LABORDE
Jean Laborde et l'Océan Indien, par Claudine Caillon-Filet, thèse de doctorat, Université d'Aix-en-Provence, 1979.
Jean Laborde, un Gascon à Madagascar : 1805-1878, par Roland Barraux & Andriamampionona Razafindramboa, L'Harmattan (Paris), 2004.
Dominique Ranaivoson, *Madagascar : dictionnaire des personnalités historiques*, Sépia, Saint-Maur-des-Fossés, Tsipika, Antananarivo, 2011 (2e éd.).

Yvette LABROUSSE
Cyrille Boulay, *Histoires d'amours royales*, Place des Éditeurs, 2012, 200 pages.

Édouard LARTET
Nathalie Rouquerol et Jacques Lajoux, *L'origine de l'Homme. Édouard Lartet (1801-1871). De la révolution du singe à Cro-Magnon*. Préface d'Yves Coppens, Loubatières éd., 2021.
Nathalie Rouquerol, « Édouard Lartet sur les traces de l'homme fossile », *Pour la science*, n° 529, novembre 2021, p. 72-79.

Élisa LEMONNIER
Élisa Lemonnier (1805-1865), Fondatrice de l'enseignement professionnel pour jeunes filles » *in* Debré, Jean-Louis et Bochenek, Valérie. *Ces femmes qui ont réveillé la France*. Paris : Fayard, 2013.
Cerati Marie. « Elisa Lemonnier » *in Femmes extraordinaires*. Paris : Éditions de la Courtille, 1979.

Marguerite LONG
Cécilia Dunoyer de Segonzac, *Marguerite Long (1874-1966) : Un siècle de vie musicale française*, Paris, Ed. Findakly, 1993.
Hubert Delobette, « Un portrait de Marguerite Long », *Femmes d'exception en Languedoc-Roussillon*, Villeveyrac, Le Papillon Rouge Éditeur, 2010.

Jeannette MAC DONALD
Joël Fauré, *Comme un tableau fauve : La Vie extraordinaire de Jeannette Mac-Donald et un peu de la*

mienne, Ombres Blanches, 2010.
Philippine Arnal, *Femmes d'exception en Midi-Pyrénées*, Villeveyrac, Le Papillon Rouge, 2012, 288 pages.
Mathieu Arnal, *Ces Toulousains qui ont fait l'Histoire*, Villeveyrac (Hérault), Le Papillon Rouge, 2019, 263 pages.

Anthelme MANGIN
Jean-Yves Le Naour, *Le Soldat inconnu vivant*, Hachette, 2002.

André MARTY
Paul Boulland, Claude Pennetier et Rossana Vaccaro (dir.), *André Marty, l'Homme, l'Affaire, l'Archive*, Paris, Éditions Codhos, 2005.
Michel Dreyfus, *PCF, crises et dissidences*, éditions Complexe, 1990.
Philippe Robrieux, *Histoire intérieure du Parti communiste français, Tome 4*, Fayard, 1984.

Ludovic MASSÉ
Hyacinthe Carrera, *Ludovic Massé, un imaginaire catalan*, Balzac éditeur, 2006.
Bernadette Truno, *Ludovic Massé, un aristocrate du peuple*, Mare Nostrum, 2003. Biographie.
Thierry Maricourt, *Histoire de la littérature libertaire en France*, Albin Michel, 1990.
Hélène Legrais, *Ces Catalans qui ont fait l'histoire*, Le Papillon Rouge Editeur, 2023.

Marguerite MORENO
Raymond Chirat, *La Vie de Marguerite Moreno, 1871-1948*, Éditions du Rocher, 2003.
François Soustre : *Marguerite Moreno, la parfaite amie de Colette*, Limoges, Editions Mon Limousin, 2023.

Alfred NAKACHE
Mathieu Arnal, *Ces Toulousains qui ont fait l'Histoire*, Villeveyrac (Hérault), Le Papillon Rouge, 2019, 263 pages.
Renaud Leblond, *Le nageur d'Auschwitz*, Éditions de l'Archipel, 2022, 237 pages.
Pierre Assouline, *Le Nageur*, Gallimard, 2023.

Charles NANSOUTY
Maurice Chabeuf, « Un général dijonnais pas comme les autres : Charles de Nansouty, Pays de Bourgogne, n° 119, 3e trimestre 1982.
Emmanuel Davoust, *Pic du Midi*, Éditions MSM, 2014
Jean-François Massié, Le général de Nansouty, Dijon 1815-Dax 1895, créateur de l'observatoire du pic du Midi de Bigorre, Lourdes, les Amis du musée pyrénéen, 1978.

Eugénie NIBOYET
Jacqueline Guinot et Marie-Ève Le Forestier, *Eugénie Niboyet, la voix des femmes : femme de lettres, journaliste et féministe, 1796-1883*, Paris, Maisonneuve & Larose nouvelles éditions-Hémisphères éditions, 2021, 275 pages.

Émile PINET-LAPRADE
François Salvaing et Jacques Carol : *Le gouverneur et sa gouvernante*, Editions Le Pas d'oiseau, 2015.

Éloi PINO
Roger Grau, *Biographie résumée d'Éloi Pino (1845-1907), Xe Conférence internationale des études éthiopiennes*, Paris, 1994.

Paul ROUSSENQ
Daniel Vidal, *Paul Roussenq le bagnard de Saint-Gilles*, Éditions du Monde Libertaire, Paris / Éditions Alternative Libertaire Belgique, Bruxelles, 1998.

ROUQUAYROL et DENAYROUZE
Jacques Michel, *Trois inventeurs méconnus : Benoît Rouquayrol, Auguste et Louis Denayrouze*, Espalion, Editions musée Joseph Vaylet, 220 pages.

Henry RUSSELL
Monique Dollin du Fresnel, *Henry Russell (1834-1909) : Une vie pour les Pyrénées*, Bordeaux, Éditions Sud-Ouest, 2009, 463 pages.
Gilles Duval, *Le comte Henry Russell et les Pyrénées (1834-1909) : L'empire d'un homme, le royaume de Dieu*, Paris, L'Harmattan, 2016, 304 pages.
Jacques Labarère, *Henry Russell-Killough (1834-1909), explorateur des Pyrénées : Biobibliographie*, Pau, Édition du Gave, 2003. 2 volumes.
Anne Lasserre-Vergne, *Henry Russell : montagnard des Pyrénées*, Morlaàs, Cairn, coll. « Petite Histoire », 2021.
Marcel Pérès, *Henri Russell et ses Grottes : Le Fou du Vignemale*, Grenoble, Presses universitaires de Grenoble, coll. « L'empreinte du temps », 2009, 184 pages.

Laurent TAILHADE
Thierry Maricourt, *Histoire de la littérature libertaire en France*, Albin Michel, 1990.

Philippe TISSIÉ
Jean Saint-Martin, Yves Travaillot, Pierre-Alban Lebecq, Yves Morales : L'œuvre du Dr Philippe Tissié : une croisade sociale en faveur de l'éducation physique (1888-1914), Presses Universitaires de Bordeaux, 2012.
Jacques Thibault : L'influence du mouvement sportif sur l'évolution de l'éducation physique dans l'enseignement secondaire français : Le docteur Tissié et la ligue girondine d'éducation physique, librairie philosophique J.Vrin, 1997.

Louis TORCATIS
Hélène Legrais, *Ces Catalans qui ont fait l'histoire*, Le Papillon Rouge Editeur, 2023.
Étienne Llauro, *Louis Torcatis. Bouloc, le destin d'un humaniste, 1904-1944*, Loubatières, 1998.

Augustin TRÉBUCHON
Gérald Dardart, *Mourir un 11 novembre : Vrigne-Meuse, la dernière bataille de 14-18*, Nouzonville, Les Cerises aux loups, 1998.
Alain Fauveau (préf. Jean Delmas), *Le Vagabond de la Grande Guerre : Souvenirs de la guerre 1914-1918 de Charles de Berterèche de Menditte, officier d'infanterie*, La Crèche, Geste Éditions, 2008, 305 pages.

Crédit photos

Agence Adobe stock : couverture, pages 18, 56, 61, 62 (en bas), 66, 91, 100, 111, 134, 148, 162, 164, 169, 184, 188, 189, 207, 210, 235, 242, 249
Archivo General de la Nación/Argentine : page 104
Arthur Batut, musée Arthur Batut : page 17, 19
Beau Jules : page 233
Bernard Bourrié : page 102
Bridgeman Images : AGIP : page 23
Collection INHA : page 89
Henri Coulondou : page 11
Hubert Delobette : page 28, 31
Didier Descouens : page 58
Phil Dul : page 54/55
Gallica : pages 30, 43, 75, 84, 113, 115, 119, 156, 158, 160, 178, 194, 195, 221, 223, 227
Rogelio A. Galaviz C. : page 105
Georges-Patrick Gleize : page 54
Internet Archives : page 110
Franz Eugen Köhler : page 198
Gaël Le Mab : page 52
Le Don Quichotte : page 99
Le Petit Journal Illustré : pages 12, 209
Library of Congress : pages 140, 167
Médiathèque Musicale Mahler : page 143
Musée des Armées : page 239
Musée Carnavalet, Paris : page 186, 228
Musée du cirque d'Albi, Bernard Albarède : page 150
Musée du Louvre/David Morniaux : page 88
Musée d'Histoire Naturelle de la ville de Toulouse/Didier Descouens : pages 130, 132 (en haut), 179
Musée du Vieux-Toulouse : page 57

Pascalou petit : page 181
Perpignan promotion 1960-1964 : : page 245
Rama : page 132 (en bas)
Béatrice Soulé Roig : page 246
Hedwig Storch : page 122
Christian Viala : page 248
Wellcome Images : page 125
Wikimedia commons : Aarp65 : page 48 ; Paris enigmas : page 62 (portrait) ; Levin01 : page 69 ; Lemah251 : page 116 ; Androstachys : page 126 ; F123 : page 128 ; Paola Severi : page 183 ; GrandBout : : page 191 ; Alainmx : page 197 ; Ji-Elle : page 200 ; Magnus Manske : page 203 ; Thomas.W : page 204 ; Citron : page 208 ; Royonx : page 225 ; Vincent RouGe : pages 234 et 236 ; Romitello : page 250

Sommaire

Conception de la maquette : Alice Dorques
Achevé d'imprimer en octobre 2024 par PBTisk,
imprimerie verte certifiée pour ses pratiques respectueuses
de l´environnement.

N° ISBN : 978-2-490379-66-8

Dépôt légal : octobre 2024

Le Papillon Rouge Editeur
27, rue du général de Gaulle
34 560 Villeveyrac
Tel. : 04 67 78 81 68
contact@papillon-rouge.com
www.papillon-rouge.com

Distribution : MDS
Diffusion : Média Diffusion

Ouvrage publié avec le soutien de la Région
Occitanie/Pyrénées-Méditerranée

La Région
Occitanie
Pyrénées - Méditerranée